岡村信秀

生協と地域コミュニティ

協同のネットワーク

日本経済評論社

まえがき

日本は、戦後、工業化が促進されるなかで、モノは豊かになったが、水俣病・森永ヒ素ミルク事件・カネミ油症事件などの公害や食品事件が続発した。その後も、食品添加物問題や遺伝子組み換え作物の出現・牛海綿状脳症（ＢＳＥ）感染牛の発生など食の安全・安心を脅かす様々な問題が発生してきた。

そして、最近では、二〇〇七年六月、「ＣＯ・ＯＰ牛肉コロッケ8個入」の原料牛肉偽装（ミートホープ）事件が内部告発により発覚し、それに端を発し、北海道の「白い恋人」、三重の「赤福餅」など有名ブランドの食品偽装が相次いだ。さらに悪いことには、二〇〇八年一月に表面化した「ＣＯ・ＯＰ手作り餃子」（中国製冷凍ギョーザ）の有機リン系殺虫剤（農薬）による中毒事故が発生した。今回の冷凍ギョーザ中毒事故は、人間の健康や生命を脅かす事態となり、国民生活の基本である食の安全・安心を根本から揺るがした重大事故であった。こともあろうに、牛肉コロッケの原料偽装や冷凍ギョーザ中毒はいずれもコープ商品に関わっての事件・事故であったため、全国の生協の組合員（消費者）や地域社会に対して大きな衝撃と不安を与えた。

生活協同組合（生協）は、この間、組合員の声にもとづき、不必要な添加物の排除や農薬の少ない農産物の供給など、一貫して食の安全・安心を追求するなかで組合員や地域社会から「信頼」を獲得してきた。しかし、この度の相次ぐ事件・事故をきっかけに生協の「信頼」は大きく揺らいだ。

冷凍ギョーザ中毒事故は、人件費が安く原料調達でも有利な中国への生産依存を強めるなかで発生したものであるが、中国産の食品が日本人の食生活にどっぷり浸っている現状では、その対応は容易ではない。しかし、食の安全・安心を標榜してきた生協だからこそ、信頼の早期回復のため、生産・加工から消費にいたるすべての段階において、徹底した危機管理体制の再構築と品質管理体系の抜本的な見直しがせまられる。さらには、食料自給率の向上をベースとした「食料の安全保障」や持続可能な農業・農村の再生などへの対応についても、これまで以上の積極性が求められる。

また、今回の一連の食品偽装事件や食品中毒事故は、事業者の企業倫理やコンプライアンス（法令順守）経営のずさんさ、輸入食品を監視する検疫体制の不十分さ、各省庁にまたがるタテ割り消費者行政の弊害など様々な問題を浮きぼりにした。いずれにしても、冷凍食品や農産物の大半を海外に依存している現状において、二度とこのような事件・事故を起こさないようにするためは、事業者や行政の万全な対策は勿論のこと、消費者自身も消費行動が問われることになる。

さて、本書は購買生協の今後の展望について筆者が約五年間かけて調査・分析したものを、この度あらためて整理しなおしたものである。そもそも調査・分析を思い立ったきっかけは、大きな転換期を迎えている現在、購買生協の今後の方向性とその実現への道筋を明らかにし、これからの仕事の羅針盤にしたいという筆者の強い思いがあったからである。

現在の日本は、「少子・高齢化と人口減少」や「貧困と格差問題」といった、過去に経験したことがない大きな社会問題に直面している。一方、地域社会においては、年金や福祉など社会保障制度の後退や隣近所の人と人とのつながりが弱まり、いざというときの「不安」が常につきまとう。「不安」を緩和し、「安心」を育むひとつの道筋は「人と人との結びつき」と考えられるが、近年、その役割を担うのは生協ではないのかという声が回りから聞こえてくる。確かに、生協は、人と人との結びつきと協同の力で、食・物価・環境など様々な領域において実績を積み重ねてきた。地域の人々はそのことを高く評価し、期待を込め、「生協にはもっと頑張って欲しい！」というエールをおくってくれているようでもある。もし、そうだとしたら生協の内部にいる私たちはもっと自覚しなければならない。実は、筆者はそのことをずっと念頭におき、調査・分析をおこない、本書をまとめあげたつもりである。本書の底流には、常に「生協は本当に期待に値する組織なのか？」を問いかけ、「生協はその期待に応えられる組織になることが可能である」という確信が流れている。

筆者は、本書を通じて購買生協の今後の方向性についてひとつの指針を提起したつもりである。しかし、筆者の分析や表現の未熟さもあり、本書が読者にどれだけ理解してもらえるか正直不安である。もし本書を手にされたら、どうか最後まであきらめずに読んでいただき、ご批判をいただければ幸いである。

目次

序章　購買生協の現状と課題

1　購買生協の課題と克服

わが国は、一九五〇年代半ばから七〇年代初頭にかけ高度経済成長期を迎えた。その結果、大量生産・大量消費の社会経済システムを形成・促進させモノは豊かになったが、食品添加物や農薬など様々な種類の化学物質が大量に使用されるようになり、体への悪影響が心配された。

そのようななかで、一九六〇年代後半から七〇年代にかけ、全国各地で、食品へ不安を抱いていた子育て真っ只中の専業主婦を中心に、安全な食品の共同購入という新たな協同運動が展開された。共同購入事業は、初期の頃は商品も限られ小規模であったが、時代のニーズに合致し、一九七〇年代から八〇年代にかけ大きく伸長し、店舗事業が低迷しているなか、購買生協全体を前進させる役割を担った。すなわち、この時期は購買生協にとっては、時代の要請ともいえる新たな主体的・自発的な運動であった共同購入の台頭により、組織的にも事業的にも大きな転換期を迎えた。

この大きな転換期では、組合員の声にもとづく商品づくり・産直運動・学習会などが積極的に展開され、協同や人と人との結びつきが形成された時期でもあった。組織運営においては、民主的運営や合意形成が大切にされ、組合員自身も大きく成長し、生協は「社会の窓」「民主主義の学校」とまで言われるようになった。事業運営においては、一人当たりの商品利用高が年々伸長し、経営構造は大きく改善された。この段階においては、主体である組合員の声やくらしのニーズにもとづいた生協運動が大きく発展し、組織運営や事業運営も一元的に運営され、組合員と職員は一体的であった。この飛躍的な発展は一九九〇年代初頭まで続いた。

しかし、一九八〇年代後半から九〇年代初頭にかけ、事業規模が拡大していくなかで、組織運営においては、トップダウン的運営が進行し、組合員のなかでは「やらされ感」が発生してきた。また事業運営においては、仕事の分業化と職員と組合員とのコミュニケーションの弱体化により、組合員の声が職員組織に届きにくくなってきた。

以上のような経過のなかで、「組合員のくらしへの役立ち度のバロメーター」といわれている一人当たりの商品利用高も低迷しはじめ、経営環境は一九九〇年代初頭をピークに悪化の一途をたどり、現在は回復の兆しは見えてきたものの、今なお厳しい状況が続いている。

一方地域社会に目を転じると、私たちのくらしや地域を取り囲む環境は、医療や福祉など社会保障害制度の後退や人と人との結びつきが希薄化し、子育て支援や高齢者介護などの生活・福祉領域における「新たな生きにくさ[1]」が出現してきた。「新たな生きにくさ」への対応は、購買生協と地域社会とは密接な関係にあることから、購買生協の課題となりつつある。

以上のように、購買生協は「自らの組織の再生」と「新たな生きにくさ」への対応という二つの重要な課題を突きつけられている。この二つの課題を同時に解決することは難題であり、当面の一時的な対策では切り抜けられない。すなわち、購買生協は再び大きな転換期を迎えているが、これまでの延長線上での方策ではない、新たな方向性が求められている。

そのようななかで、農村部や購買生協の周辺部において、「新たな生きにくさ」への対応として、NPO法人やワーカーズなど多様な協同組織が立ち現れてきている。この新たな協同・協同組合は、活動の領域や組織の性格から「新しい協同組合[2]」の芽生えを感じさせる。

大きな転換期を迎えている購買生協のとるべき新たな方向性のヒントは、この新たな協同・協同組合との連携にあるのではないだろうか。それは、一九六〇年代後半から七〇年代にかけて共同購入の台頭に見られるように、時代の転換期には常に新たな主体的・自発的な運動が芽生え、歴史的に時代を動かす大きな原動力になってきているということと、現に「新しい協同組合」の性格を持つ新たな協同・協同組合が、まだ端緒であるが、購買生協と連携し合い成果を上げつつあるからである。ゆえに購買生協の二つの課題の解決の糸口は、この新たな協同・協同組合の形成・発展と購買生協との連携のなかに見出されるものと考えられる。

本書は、購買生協と「新しい協同組合」の連携の構造（関連構造）を整理・類型化し、購買生協の新たな方向性を考察することを目的とする。

2　課題整理と調査・分析

(1)　課題整理

①新しい協同組合の形成とその背景

海外においては、福祉・教育・雇用などの領域において「新たな生きにくさ」が発生し、それらの対応として、新しい協同組合が形成され、新たな協同組合運動が展開されてきた。

国内においても、NPO法人やワーカーズなどの協同組織の登場、あるいは「新しい協同組合」の芽生えと思われる新たな協同・協同組合運動が各地で展開されつつある。この協同組織の新たな展開は「新しい協同組合」の形成を準備しており、地域づくりや購買生協の再生の原動力になりつつある。その意味では、「新しい協同組合」の形成やその背景についての整理が求められる。

②購買生協と「新しい協同組合」の関連構造とその類型化

全国的には「新しい協同組合」そのものに対しての問題意識は低く、購買生協と「新しい協同組合」の関連の議論もあまりなされていないのが実態である。そのようななかで、近年購買生協と

「新しい協同組合」の関連を評価する議論も、まだ少数ではあるが、展開されるようになってきた。しかし、いまのところ関連構造を整理し類型化するまでには至っていない。

今後は、購買生協と「新しい協同組合」の関連構造を類型化し「関連構造」論を発展させることが、大きな転換期を迎えているいま、購買生協の重要な課題となる。

③「新しい協同組合」を包含した二一世紀型生協の模索

「新たな生きにくさ」を背景に、生活・福祉領域を担う「新しい協同組合」が出現しつつあるが、「新たな生きにくさ」への対応は購買生協の課題でもある。また「新しい協同組合」の形成と購買生協との関連は、「新たな生きにくさ」への対応と同時に、「新しい協同組合」で醸成された新たなエネルギーが購買生協へ還流し、購買生協を再生する可能性を持ってきている。

二一世紀型生協は、購買生協と「新しい協同組合」の関連と、これまでの購買領域に生活・福祉領域を加えた「新しい領域」への転換という新たな模索が要請されている。

(2) 調査・分析の方法

以上の三つの課題に対してのアプローチは、実証的分析を基本に、次の方法で考察する。

①の新しい協同組合の形成と背景については、海外の新しい協同組合や国内における新たな協同・協同組合についての先行研究にもとづいて整理する。また国内においては伝統的共同体が衰退

している農村部において、「新しい協同組合」の芽生えと思える協同組織「いきいきいわみ」の活動について、実証的に分析していく。

②の購買生協と「新しい協同組合」の関連構造と類型化については、三つの事例を対象とする。一つは、生協しまねと「おたがいさまいずも」である。「おたがいさまいずも」は、組合員の日常生活における困りごとに対しての応援活動を主な領域としている。二つは、生活クラブ生協・東京とワーカーズ・コレクティブ「轍《わだち》」である。「轍」は、現在、生活クラブの個配を受託しており、全事業高の五〇％強を担っている。三つは、共立社・鶴岡生協と「地域協同組合連合」を媒介にして形成された庄内まちづくり協同組合「虹」である。「連合」は、そもそも共立社・鶴岡生協や庄内医療生協などを中心にした地域協同のネットワークであるが、「連合」を媒介にして新しく形成されたのが「虹」である。「虹」は、地域づくりや生活・福祉領域における活動を目的としている。

以上の三つの新しい協同組織は、いずれも「新しい協同組合」の性格を持っているが、関連構造はそれぞれの地域性や歴史的背景が多様なため異なる。一つ目の生協しまねと「おたがいさまいずも」の関連は、全国でも一番多いケースと思われるが、「おたがいさまいずも」の活動を中心に、登録者アンケートも含め、整理していく。二つ目の生活クラブと「轍」、三つ目の「地域協同組合連合」を媒介に形成された「虹」は、「新しい協同組合」に比重を置きつつも、関連する購買生協の活動も踏まえながら整理していく。そして、三つの整理にもとづき関連構造を明らかにし類型化する。

③の「新しい協同組合」を包含した二一世紀型生協の模索は、右の②の関連構造の類型化をもとに、時代の要請ともいえる生活・福祉領域の協同の関連で、その方向性を考察する。

3　本書の構成

第一章の前半では、購買生協の現状の問題点を洗い出し、いくつかの先進的な事例をもとにその再生の道筋を明らかにする。本書の主要なテーマは、購買生協と「新しい協同組合」の関連構造を明らかにし、二一世紀の生協の展望をさし示すことであるが、現在の購買生協の経営環境は依然厳しい状況が続いており、その再生の道筋について前半で検証しておく。後半部分は海外における新しい協同組合の形成についての整理と伝統的協同組合と新しい協同組合を比較する。さらに国内における購買生協と「新しい協同組合」の関連について、先行研究をもとに整理し、本書の課題を明確にする。

第二章から第五章は実証的分析にもとづき検証する。第二章は、「新しい協同組合」の形成事例として、協同組織「いきいきいわみ」を検証する。「いきいきいわみ」は、農村部において伝統的共同体が衰退するなかで、高齢者の見守りや生活支援を主な活動としており、現在では行政やボランティア団体とネットワーク的に連携し、地域づくりの担い手として立ち現れている。

第三章は、生協しまねのなかで形成された「おたがいさまいずも」を検証する。「おたがいさまいずも」は、全国のくらしの助け合いの会に類似する活動ではあるが、組合員の日常のくらしにおける困りごとに対しての応援を主な活動としている。この章では、「おたがいさまいずも」の特徴や「おたがいさまいずも」で醸成された新たな協同のエネルギーが生協しまねへ還流している内容や連携について整理する。

第四章は、「新たな生き方、働き方」として登場してきているワーカーズ・コレクティブ「轍」と生活クラブ生協・東京との連携を検証する。「轍」は、購買事業機能の外部化の協同組合化としてその機能を担っているが、現在、生活クラブの個配を受託し、全事業高の五〇%強を担っており、今や運命共同体的協働関係にまで進展してきている。コミュニケーション労働として重要な配達業務において、全国的には外部化（アウトソーシング）が進むなかで、ワーカーズの登場は新たな模索として問題提起を行っている。ここでは、その実態や現場労働における連携などについても具体的に検証する。

第五章は、共立社・鶴岡生協を軸とした地域協同のネットワークとして形成された「地域協同組合連合」を媒介にして誕生した庄内まちづくり協同組合「虹」の実践を検証する。「虹」は、それぞれの協同組合では実現不可能なニーズを、「連合」が持っている様々な資源と総合力を結集し、すばやく対応するところに特徴がある。この章では、母体である共立社・鶴岡生協の歴史と「虹」の活動と連携について整理する。

終章では、本書で取り上げた「新しい協同組合」の性格を持つ「いきいきいわみ」・「おたがいさまいずも」・ワーカーズ・コレクティブ「轍」・庄内まちづくり協同組合「虹」の四つの協同組織の特徴を再整理する。次に、第三章～第五章の実証的分析をもとに、本書の課題である購買生協と「新しい協同組合」の関連構造の類型化を明らかにし、「新しい協同組合」を包含した二一世紀型生協の展望を考察する。

注

(1) 田中夏子『イタリア社会的経済の地域展開』日本経済評論社、二〇〇四年。田中氏は、著書のなかで、イタリアの社会的協同組合(新しい協同組合)は「新たな生きにくさ」を背景に形成されたと整理しているが、「新たな生きにくさ」とは、グローバル市場段階における福祉国家の解体・再編のなかで、自治体によるサービスの大幅な後退が進行し、そこから投げ出された個人が拠り所とできるはずの親密な空間(家族、仲間)や公共的な空間(地域社会やアソシエーション)が大きく変容し、障害者や当事者の抱える困難(=窮屈さ、居場所の略奪)が新たに発生してきた「生きにくさ」、と説明している。

(2) 海外においては、「新たな生きにくさ」を背景に、イタリアの社会的協同組合やイギリスのコミュニティ協同組合など「新しい協同組合」が立ち現れ、定義も明確にされているが、国内においては、「新しい協同組合」の法整備はなく定義についても整理されていない。そのようななかで、田中秀樹氏は「新しい協同組合」の定義については次のように述べている。「時代的な背景(生きにくさ=市場原理主義的な福祉国家の解体段階)のなかで新しい協同が発生してきており、形態的にはNPO法人や協同組合法人等があるが、事業的な展開のなかで法人格の取得が現れている」と整理し、それらの新たな協同組織を総称して、田中氏は「新たな協同・協同組合」と称している。本書では、田中氏の主張を参考にし、海外についてては新しい協同組合(括弧なし)、国内について「新しい協同組合」(括弧つき)または「新たな協同・協同組合」と使い分けることにする。

第一章　購買生協と新しい協同組合

1　「日本型生協」の形成と購買生協

(1)　「日本型生協」の形成・発展

日本の生協運動は、一九六〇年代後半から八〇年代にかけ、いわゆる「日本型生協」を形成し、生協運動全体は大きく発展した。その時代背景は、高度経済成長と消費者問題の顕在化が挙げられるが、高度経済成長は、大量の消費を拡大させると同時に様々な消費者問題を発生させた。それは、食品公害、食品における化学物質の多用への不安、管理価格や不当表示の横行などであり、消費者（＝市民）のくらしを脅かす状況が多発した。

そのようななかで、牛乳値上げ反対運動から誕生した団地ぐるみの牛乳の共同購入、減農薬の産直運動の展開、低添加物食品の取り扱いなど、地域住民の要求実現運動と固く結びついた「市民型地域生協」が各地で展開されてきた。この市民型地域生協は、都市部において核家族化が進行し、専業主婦が増加するなかで、女性達を中心に発展してきた。このプロセスのなかで、女性達は多くの協同的諸関係を形成し、学習を積み重ね、生協が「社会の窓」「民主主義の学校」となり、新たな協同運動として出現してきた。

この市民型地域生協は、班を基礎に共同購入の事業を組み立て、組織と事業が一体化し、日本の生協運動の発展に大きく寄与してきた。このような特徴は、諸外国には見当たらず、いわゆる「日本型生協」(1)と呼ばれ、一九九二年の国際協同組合同盟(ICA)東京大会において世界から注目された。

(2) 共同購入事業の形成と発展過程

一九七〇年代以降のわが国の生協運動の発展の特徴は、牛乳、洗剤、食用油などのコープ商品をはじめとした単品結集型の共同購入であった。コープ商品の利用のため班が結成され、班が利用の基礎単位となり、かつ班長会、運営委員会といった組織運営(中間組織)の基礎単位にもなっていき、商品開発や産直など組合員の事業参加の形態を保障していった。一九七〇年代後半になってくるとコンピューターによるシステム改革が行われ、週サイクルの注文、OCRの導入により個人別注文、購入代金の口座引き落としなどが次々と実現し、組合員の負担は一挙に軽減していった。つまりこの時期は人間による手作業からコンピューター化の仕組みへと大きく変化し、共同購入の急速な拡大の道筋を切り開いていった。結果として、店舗事業と共同購入事業の事業高の比率は、一九八七年には逆転し、共同購入が名実ともに店舗と並ぶ生協の中心事業に位置するようになった。このように一九八〇年代の生協の成長と発展は、いわゆる「市民型地域生協」と呼ばれる共同購入システムによるところが大きかったといえる。

田中秀樹氏はこのエネルギーについて、「こうした共同購入事業の発展は、高度経済成長期や、その後のオイルショック後の消費者運動の発展を背景にした新たな協同のエネルギーを事業へと組織化したことによるのであり、この点が新たな消費者の生活要求を吸収する仕組みを持たずに停滞したヨーロッパの生協運動との違いであろう。つまり五〇年代の労働運動と結びついた職域生協と六〇年代以降の共同購入生協が組合の性格も事業内容も異なっているように、生協運動はそれぞれの歴史段階において時代の産物なのであり、その時代の組合員の新たな生活エネルギーを吸収する仕組みをつくりあげる必要がある(2)」と述べている。

以上のように、子育て真っ只中の三〇代、四〇代で、食品公害や化学物質（食品添加物等）に不安を抱いた専業主婦は、職員とともに安全・安心な商品づくり・産直運動・組合員拡大に邁進し、そして、その運動を通じ組合員と職員の間では信頼関係が醸成され、生協運動も大きく前進してきた。このように、共同購入システムは、その時代の組合員の新たな生活エネルギーを吸収する仕組みとしてつくり上げられていったのである。

(3) 購買生協の現段階と課題

①購買生協の事業推移(3)

全国の購買生協の供給高は一九八七年度に共同購入が店舗を追い越し（店舗七四五七億円、共同購入七六九四億円）、九〇年代初頭には出店が相次ぎ店舗供給高は伸長したが、九七年度までは共同購入の供給高の方が店舗を上回った。

しかし、班共同購入の供給高は一九九三年度の一兆三二九七億円をピークに、九四年度には一兆二七三〇億円に低下し、九七年度には九一年度当時を下回り一兆二二〇三億円となった。その後も低下し続け、二〇〇〇年度には九〇年度（一兆一一三五億円）を下回り一兆五五〇億円となった。

一方、一九九〇年代後半からは個配事業（個別配達）が伸長し、班共同購入（班配達）を含む無店舗事業としては一九九九年度に一兆三九三九億円（班配一兆一七〇五億円、個配二二三四億円）とこれまでの最高を記録した。その後上下を繰り返し、二〇〇五年度は一兆五〇三三億円（全体前年比一〇三・〇％、班配八〇六九億円、前年比九六・五％、個配六九六四億円、前年比一一四・三％）であった。ちなみに、店舗供給高は一九九五年度の一兆四七一九億円をピークに下降し、ついには二〇〇五年度は一兆五三七億円（前年比九八・三％）まで低下した。

また全国の購買生協の一人当たりの商品利用高は、一九九一年度の月一万八九八〇円をピークに年々減少を続け、二〇〇〇年度は一万三一二〇円、〇五年度は一万二六三四円となり、九一年度比六六・六％となった。一人当たりの商品利用高は「組合員のくらしへの役立ち度のバロメーター」

といわれているが、組合員への役立ち度も低下傾向にある。

購買生協の経常剰余率は、一九九〇～九一年度は二・三～二・四％だったものが、九四年度以降は一・〇～一・一％で推移した。特に、共同購入は、一九九〇～九三年まで四％前後あった経常剰余率が九四年以降は三％前後に落ちた。店舗は、一九九三年度までは低い率の黒字であった経常剰余率が九四年度からマイナスとなり、九〇年代後半は毎年悪化していった。購買生協全体の経常剰余率は、一九九四年度は〇・八％まで下がったが、その後は横ばい状況が続いた後、やや上向き傾向となり、二〇〇二年度一・四％、二〇〇四年度一・二％、二〇〇五年度一・五％と上下を繰り返しながら推移している。

以上のように、購買生協は、一九九〇年代初頭から「組合員のくらしへの役立ち度」と経済性は確実に低下しはじめた。その要因は、経済のグローバル化や競争の激化などの背景もあるが、とりわけ共同購入においては、その特質を活かし切れていないところに最大の要因があると思われる。

②購買生協の課題

一九九〇年代初頭からの経営環境の悪化に対して、全国の多くの購買生協は、経営改善の緊急性も背景にあり、トップダウン的運営で対応した。その結果、主体である組合員の参加と協同が弱まり、職員と組合員との距離も拡大してきたのが実態である。

そのようななかで、購買生協は、おおまかにいえば店舗の赤字を共同購入で補填しているという構図であるが、共同購入事業そのものの損益構造も悪化してきている現状では、あらためて共同購入を見直し、再構築をはかっていくことが重要な課題となる。

共同購入は、そもそも人と人との関わりのなかで営まれている事業であり、信頼と共感をもとにしたコミュニケーションが一人ひとりの組合員と交わされるところに最大の特質がある。毛利敬典氏はその理由について次のように整理している[4]。①組合員のおしゃべりが豊かな班ほど、一人当たりの商品利用が高いという傾向が見られる。②組合員の利用金額は加入後の時間が経過するほど増加する。これは、関係性の蓄積とともに利用が拡大していくことが基本にあるからだ。③配達担当者によって供給に大きな差がある。供給高の高い担当者は、組合員に対する配慮や仕事への責任感と合わせて、自分自身の生活者として同レベルで組合員の生活を見て、組合員と関わり合っている。

また的場信樹氏は、「個配であれ、スーパーマーケットの進化系としての翌日配達であれ、また他のどのような形であれ、共同購入が進化を遂げていくとすれば、そこでは必ず『コミュニケーション（ひとのつながり）を通じて組合員のくらしをつくっていく』という共同購入の遺伝子が受け継がれていること、そして『共同購入の進化』を実現するためには『変化をつくりだすマネジメント』が重要である」と提起している[5]。

さらに、川口清史氏は、「生協の持続的発展は共同購入が進化・発展することだ」と主張し、その進化の条件を次のように整理している[6]。一つは、一人当たりの利用の拡大深化である。つまり、一人ひとりのくらしへの商品役立ち度をアップさせることである。二つは、くらしを支える品揃えである。すなわち、多様なライフスタイルに適合した供給マネジメントを確立することである。三つは、事業システムの進化・発展である。個配をベースにして成り立つ事業システムの確立と、それを前提にコミュニケーションを重視することである。

以上が三氏の整理であるが、この間の共同購入の推移や特質を踏まえ、あらためて今日的課題に置き換えれば、①組合員の主体的参加と協同の再生、②職員のコミュニケーション労働[7]と専門性の向上、③生協経営の有効性と経済性を高める、の三つに整理できる。①の組合員の主体的参加と協同の再生は、コミュニケーションや関係的世界を広げ、共通の課題に対し協同して取り組む。そして、そのプロセスにおいて、お互いの考え方や価値観を認め合い、民主主義が貫徹され、「主体性」や「自立性」が高まっていくことが重要である。その連続が組合員同士の豊かな関係性を築き協同を再生していくことになる。②の職員のコミュニケーション労働と専門性の向上は、職員は常に主体である組合員一人ひとりに寄り添い、組合員のくらしから発せられる声に共感し応えていく、あるいは組合員の多様な協同を励まし応援していくことが大切となる。そして、その連続は組合員を元気づけ、同時に職員のコミュニケーション能力[8]を高めることにつながる。さらには、このコミュニケーション能力の向上は、職員をより質の高い専門労働へと発達させ、「生活支援労働[9]」（サポートワーク）としての専門性をより高めていくことになる。その継続が、職員と組合員との距離を縮め、職員の仕事のやり甲斐やモチベーションを上昇させる。③の生協経営の有効性と経済性は、組合員の参加・協同と職員のコミュニケーション労働が縦横無尽に関係することにより、組合員ニーズと供給する商品やサービスが合致するようになり、利用結集と生協経営の経済性は改善されると考えられる。同時に、組合員は、①と②との関係のなかで、「自分の声が生かされている」ということを実感するようになり、生協や職員に対してロイヤルティを高め、「組合員参加とロイヤルティと利用結集は相関関係がある」[10]といわれているように、ロイヤルティが高まれば利用結集や経済性も高まる可能性が出てくる。そして、③の生協経営の経済性の高まりが再び①を保障するという関係が成立する。③はあくまでも①と②の結果であるが、徹底した合理的経営と計数管理は当然のこととして求められる。

以上のように、①と②と③の関係は、それぞれが相補関係にあり、バラバラに存立しえない。またその連続は、一方では組合員と職員の成長を促し、双方の信頼関係を一層強めていくことにつながる。わかり易く表現すれば、①(組合員の参加と協同の再生)×②(職員のコミュニケーション労働)=③(生協経営)ということであろうか。生活協同組合の「主体」は組合員であることから、まず①が強化されることがポイントである。①を強化し組合員を励まし応援していくためには、②が決定的に重要となる。①と②の相補関係と相乗効果が「組合員のくらしへの役立ち度」を向上させ、その結果として、生協経営の有効性を高め、経済性は改善されていくと思われる。言い換えれば、生協経営が良好な状態は、①と②がバランスよく機能し、「組合員のくらしへの役立ち度」が高まっていることの証しであり、業績が悪化している状態は、①と②がうまく機能せず、組合員の声と事業や運営との間に齟齬が発生し、「組合員のくらしへの役立ち度」が低下していることの結果といえる。

以上のことから、現在の購買生協の最大の課題は、「組合員の主体的参加と協同の再生」と「職員のコミュニケーション労働と専門性の向上」であるが、その二つの課題を遂行するプロセスにおいて、生協経営の状態を常に検証しながら、二つの課題と生協経営のバランスを維持していくことが重要である。

③課題遂行事例

この間、全国の購買生協のなかでは、トップダウン的運営や組合員とのコミュニケーション不足を反省し、①組合員の主体的参加と協同の再生、②職員のコミュニケーション労働と専門性の向上、③生協経営の有効性と経済性を高める、という三つの課題を関連的に推進している生協が、各地で見出されるようになってきた。そして、その課題を遂行する過程で、事業経営が回復し、職員の仕事のやり甲斐やモチベーションも高まりつつある。

そのような取り組みのなかから、次の三つの事例を紹介する。一つは、組合員の主体的参加と協同の再生を積極的に実践している「とちぎコープ」、二つは、職員のコミュニケーション労働と専門性の向上を仕事の基軸においている「おおさかパルコープ」、三つは、①と②と③を総合的に捉え、組合員のくらしや声に寄り添い徹底した組織運営や事業運営を展開している「コープみやざき」を取り上げた。この三つの購買生協の共通点は、主体である組合員の声がすべての運営の起点となっており、組合員との接点に位置する現場職員はコミュニケーション労働に徹し、組合員を励まし応援していることにある。その結果、生協経営は大きく改善され、職員の仕事のやり甲斐やモチベーションも高まりつつある。[11]

【とちぎコープ】

とちぎコープの組織改革は二〇〇〇年度を境に推進された。その背景は、一九九〇年代には、組合員数は順調に伸長したが、一人当たりの商品利用高は低下し続け、組合員の参加層の広がりが少なくなってきたことにある。また組織運営は、コープ会（中間組織）をはじめ、トップダウン的運営が進行し、組織として全体的に元気がなくなり、職員へのクレームも多発してきた。そして、ついには一九九九年、二〇〇〇年の事業実績は二年連続「減収・減益」となった。このような状況に対し、とちぎコープは危機感を抱き、その対策には組合員に直接聴くしかないと考え、組合員一〇〇〇人アンケートを二〇〇〇年に実施した。

組合員一〇〇〇人アンケートから見えてきたことは、組合員にとって「いごこちの良い生協」が求められているということであった。「いごこちの良い」とは、「私のくらしに役立つおいしい商品があったり、いつも近くに仲間が居て温かいつながりがあったり、いつでもどこでもありのままの私で居られて、おしゃべりがいっぱいあって、お互いを認め合ったり新しい出会いもあったり、私が元気になれて、私のこと私のくらしを知ってくれている職員がそばにいる」と整理した。

表 1-1　とちぎコープ・2005 年度つながりの場づくり

内容	参加人数	
お茶会	4,325 件申し込み	23,357 人
秋のおしゃべり会（地区別総代会）	107 会場開催	1,369 人
春のおしゃべり会（　〃　）	96 会場開催	1,417 人
コープ会（運営委員会）	31 コープ会結成	192 人
商品探検隊	2 商品探検	15 人
趣味のサークル	27 グループ	254 人
ボランティアグループ	15 グループ	217 人
自治体委員会	4 委員会	53 人
無料年金相談	毎月 1 回，年 12 回	115 人
生産者交流会	15 家族他	680 人
合計		27,669 人

2005 年度末組合員 186,005 人.
出所：とちぎコープ第 17 回通常総代会議案書から.

「いごこちの良い生協」を実現するため、理事会や職員は、組合員のくらしに寄り添い、声に耳を傾け、①組合員の声から、一人ひとりのくらしを感じ、組合員と職員が協同して検討する、そして②職員が元気に仕事ができる環境を形成、最後に③組合員同士や職員の枠を超えた地域との有機的なつながりを重視することを確認した。

組合員の主体的参加と協同の場面を増やすために組合員のつながりの場づくりが増やされた。例えば、お茶会（三人以上で生協が提供するお茶菓子で楽しくおしゃべりをする）、おしゃべり交流会[12]（春と秋の年二回、ブロックごとに開催）、機関誌おしゃべりかわら版（商品の使い方や、くらしの知恵の交流、組合員同士や組合員と職員との交流などを紙面で紹介）など一〇以上のチャンネルがつくられた（表1−1）。二〇〇五年度には、延べ参加が二万七六六九人となり、対組合員比一四・九％という高い実績を残した。

以上のように、とちぎコープは旧来型のトップダウン的運営を廃止し、組合員の声で組み立てる「声の交流」を基本にした運営に転換したが、議案書も組合員のおしゃべりのなかから出された声をもとに、組合員のくらしから、組合員のくらしに役に立つ生協づくりをめざして検討するようになってきた。理事会も大きく変化し、常に組合員のくらしや事実から物事を考えるようになった。また職員も現場レベルでの事例研究を積み重ね、考え方や行動のモノサシが共有化されつつあり、組合員と職員の距離も縮まり、組織運営と事業運営が一体的になってきた。

組織改革が進められて五年が経過した二〇〇五年度は、その努力の成果が現れはじめ、後掲表1-3のように、経常剰余（率）は過去最高の六億一六百万円（二・四％）となった。驚くべきことは、職員の仕事のやり甲斐が二〇〇一年の七・五％から二〇〇六年の三〇・四％へと飛躍的に伸長したことである。ちなみに、三〇・四％は全国の地域購買生協のなかでは、第三位である。

以上のとちぎコープの事例は、組合員の主体的参加と協同の再生を重視したことにより、組合員と職員の関係、職員の仕事のやり甲斐、生協経営とが相互に関連し合い、好循環しはじめたことを実証している。


【おおさかパルコープ】

全国的に、配達効率の改善が中心的な課題になっているなかで、おおさかパルコープは配達班数

（または配達箇所数）を増加させ効率を上げることに限界性を感じはじめ、現在では、配達コースの改善を進めながら、職員と組合員のコミュニケーションをはかることを中心的な課題に据えている。その考え方は、コミュニケーションが班配達や個配の価値を高め、利用点数や利用人数を引き上げ、結果として経済性を高めるということである。

組合員とのコミュニケーションを重視した背景は以下のとおりである。おおさかパルコープは、一九九一年、三つの生協が合併したが、三つの異質の生協を一つにまとめるために、運営面では「管理主導型での価値観の統一」が全面的に打ちだされ、さらには「収益向上と経営基盤の強化」が最優先された。その結果、業績優先は「何でもあり」の世界になったり、仲間である職員が困っても「そんなことは自分に関係ない、自分の業績が一番大事だ」となっていった。組合員に対しても、「自分の業績の対象」というような位置づけになり、本来の協同組合とかけ離れていった。

そのような状況のもと、これまでの考え方に反省する声が出はじめ、一九九〇年代中葉から「組合員第一主義」と「現場主導型運営」へと方針を転換していった。そして、この間、試行錯誤を繰り返すなかで、現在では「組合員にとってよかれと思うことは思い切ってやってみる」というスローガンを掲げ、それを実行するため、次の四つの視点を設定した。それは、①組合員さんに喜んでもらえるかどうか、②組合員さんに「また生協を利用したいな」と思っていただけるかどうか、③その対応を見た周りの組合員さんから「いいことをしてあげたね」と認めてもらえるかどうか、④それが生協の事業として成り立つかどうか、の四点である。

おおさかパルコープは、配達担当者と組合員とのコミュニケーションの場を大切に考え、右の四つの視点での事例研究を重視している。例えば、「組合員の声交流会」は、これは「組合員の声カード」というツール（組合員の声や質問を担当者が記入し本部に提出）を使って現場の支所長が良かった事例を持ち寄り支所長会議で交流するものであるが、支所長のほか商品部、管理関係の経営企画室や情報システム部なども加わり、分散形式で開催している。

この「組合員の声交流会」の積み重ねが、現場の職員だけが組合員の声を受け止めるのではなく、各部署の職員がそれぞれ組合員の声と自分の仕事をつなげていったのである。全国的には、事業規模が拡大していくなかで、仕事の分業と部署間の「分断化」傾向が進行してきているが、「分断化」は業務の一貫性と関係性を分離させ、職員は仕事の流れを総合的に見れなくなる。つまり、組合員から発せられる声やくらしの実態が途中で寸断され見えなくなってしまうため、職員の仕事の方向性や対応が組合員の思いとはかけ離れる傾向にある。その点、おおさかパルコープの職員は、組合員の声の実現に向け、それぞれの部署が連携し合い、個々の専門性と総合力を高めることに重点を置いており、組合員のくらしを「よってたかってより良くしよう」という組織文化が形成されつつある。

またおおさかパルコープは組合員とのコミュニケーションをとるために、対面率を高める努力をしている。個配は五割位は対面可能であり、まさに一対一の関係である。また組合員と担当者や組合員同士のコミュニケーションを広げるための担当者ニュースの有効性が注目されている。担当者

表1-2　担当者Aのコース供給高の前年比較

配達	担当者A，単位：円，%			Aが所属する支所(総合計)，単位：千円，%		
	2005年	2004年	前年比	2005年	2004年	前年比
3月4回	1,665,734	1,413,507	117.8	43,728	41,104	106.4
3月5回	1,693,163	1,428,550	118.5	42,422	38,827	109.3
4月1回	1,567,607	1,443,614	108.6	40,533	40,747	99.5
4月2回	1,726,205	1,602,330	107.7	44,587	42,932	103.9
合計	6,652,709	5,888,001	113.0	171,270	163,610	104.7
4月3回	1,752,819	1,794,027	97.7	44,342	46,471	95.4
4月4回	1,809,664	1,641,455	110.2	46,682	44,650	104.6
5月1回	1,425,789	1,357,216	105.1	36,603	37,364	98.0
5月2回	1,599,763	1,581,757	101.1	40,274	42,041	95.8
合計	6,588,035	6,374,455	103.4	167,901	170,526	98.5
5月3回	1,812,672	1,610,940	112.5	46,425	47,181	98.4
5月4回	1,964,640	1,575,034	124.7	48,856	45,275	107.9
小計	3,777,312	3,185,974	118.6	95,281	92,456	103.1
平均			110.2			101.8

出所：くらしと協同の研究所　第13回総会記念シンポジウム（2005年6月26日），「進化する共同購入」におけるおおさかパルコープの報告資料から（比較対照の意味で担当者Aが所属する支所の実績を載せた）．

ニュースは、実際自分が食べての感想や家族の反応など多岐にわたるが、組合員から好評である。

ここで担当者Aの事例を紹介する。この担当者Aは、組合員の一人当たりの商品利用をアップさせ、コース供給高を高める課題では支所のなかでも著しい成績を出している（表1–2、図1–1）。彼は、組合員との関係性を豊かにしながら、商品の話題を中心にコミュニケーションをとっているが、その話題は、様々な組合員から発せられる声をもとに整理されている。その結果、組合員の利用高は上昇し、担当者Aが所属する支所も前年比一〇一・八%と伸長している

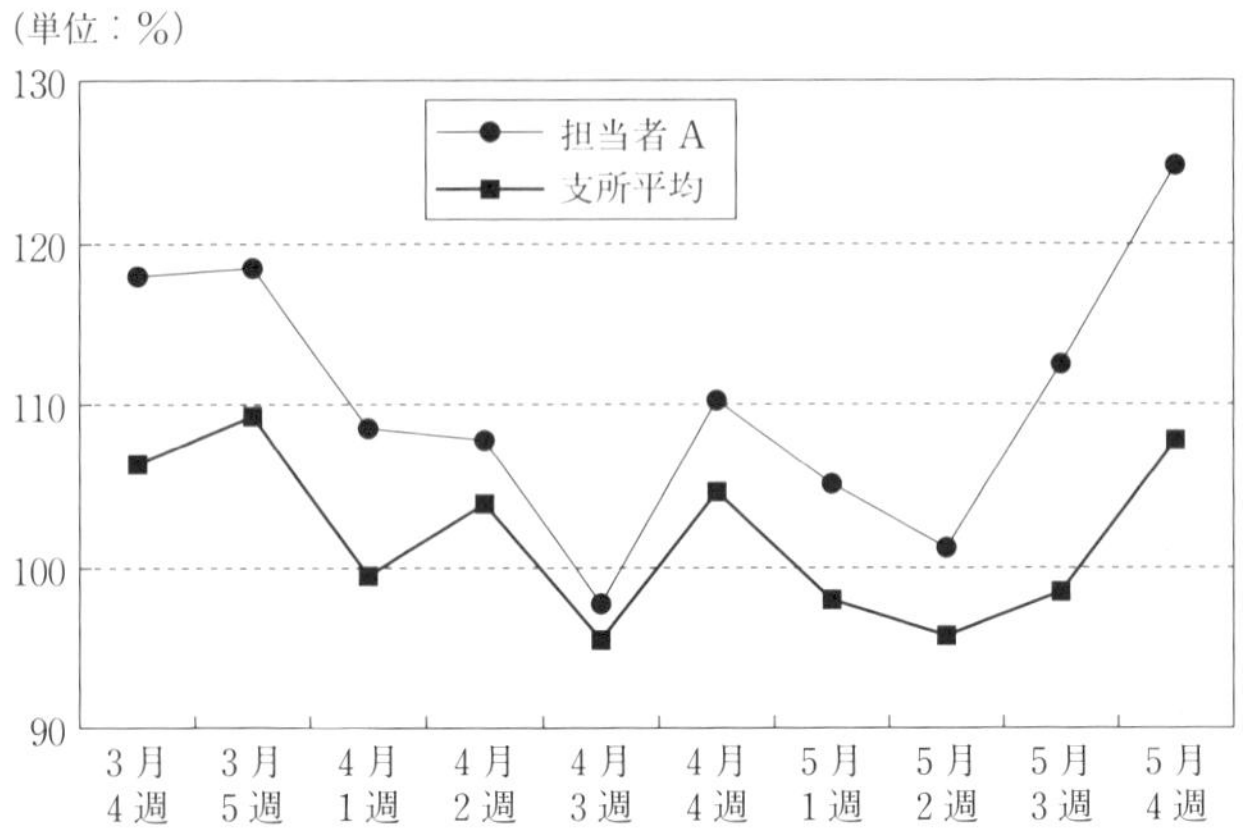

出所：おおさかパルコープの資料をもとに筆者が作成.

図1-1　担当者Aのコース供給高の前年比較

が、Aはなんと前年比一一〇・二%とダントツに高い伸長率となっている。コース供給高が上がれば現場の労働生産性は上昇し、生協経営全体の経済性も高まることにつながる。

この事例は、仕事の課題を「組合員のくらしや商品を通じて組合員への役立ち度を高める」と設定したことにより、職員は輝き始め、結果として経済性を高めていった事例であるが、職員の仕事の方向性とやり甲斐と経済性に相補関係があることを実証している。また職員の仕事のやり甲斐は表1-3の通り、安定して高位置にあり（全国第四位）、供給高は無店舗、店舗とも前年を上回っており、経常剰余率も上昇傾向にある。

【コープみやざき】

コープみやざきは、一九八四年の組織改革以来一貫して組合員の声をすべての運営の基本として

表1-3　供給高，経常剰余（率），仕事のやり甲斐の推移

（単位：百万円）

	供給高(上：無店舗，下：店舗)		前年比 %	経常剰余（率）%		職員の仕事のやり甲斐　%	
	2004年度	2005年度		2004年度	2005年度	2001年	2006年
とちぎコープ	17,681 6,242	18,091 5,813	102.3 93.1	377(1.5) (第20位)	616(2.4) (第11位)	7.5 (第20位)	30.4 (第3位)
おおさかパルコープ	36,959 5,195	39,112 5,204	105.8 100.2	905(2.1) (第10位)	1,270(2.7) (第7位)	24.5 (第6位)	27.1 (第4位)
コープみやざき	11,297 13,156	10,869 13,370	96.2 101.6	739(2.9) (第4位)	736(2.9) (第6位)	22.0 (第8位)	35.6 (第1位)

出所：供給高，経常剰余（率）は2004年度・2005年度日生協「生協の経営統計」，職員の仕事のやり甲斐は生協労連の「労組アンケート」（2006年1月，地域購買生協）の資料をもとに筆者が作成.

いる。その結果、事業実績とりわけ経常剰余率は、二〇〇四年度・二〇〇五年度共に二・九％と高水準を維持している（表1-3）。

コープみやざきの組織改革は、一九八四年から数回にわたって実施された。組織改革の背景には、リーダー層（理事会等）が一般組合員を意識の遅れた生活者と見て、教育や説得によって運動を展開しようとしたのであるが、一般組合員との意識のギャップは深まり、結果として「生協は組合員のために何をしてくれるの？」「生協のために組合員があるのではない」という声があちこちから上がってきたことにある。

組織改革は、①組合員組織論の転換（トップダウンからボトムアップ）、②職員論の転換（組合員の声を重視し、現場発の事業活動の展開）、③商品政策の転換（商品を上から売るのではなく、組合員が欲しいという商品を供給する）、と進んだ。またコープみやざきの基本的な考え方は表1-4のとおりである。

表 1-4　コープみやざきの基本的な考え方

〈基本スローガン〉「私たちの供給する商品を中心に家族の団欒がはずむこと」をめざします．

〈行動スローガン〉素直に“看る”・素直に“聴く”・素直に“考える”・素直に“実践する”素直に“ふりかえる”仕事を通して，組合員のくらしに役立つ生協をつくります．そして，より多くの仲間を生協に迎えます．その生活分野により広く，より深く役立てるようにします．

〈組合員観〉組合員さんは，組合員であるまえに1人の人間です．当然にも，「幸せにくらしたい」「家族のくらしをもっとよくしたい」と願っています．1人ひとりの組合員さんの日々のくらしを，「芸術家が芸術作品をつくるように」とても価値のある貴重なものとして尊重することが大切です．そのような人が，自分の意思で生協に加入してオーナーとなり，くらしに必要な商品を利用し，意見を言ってくださるわけですから，生協はその思いに応えていくことが求められます．組合員さんの出資・利用・運営参加を，組合員さんのオーナーとしての権利行使と捉えることが大切です．

〈職員観〉職員はだれもが，「人の役に立ちたい」，「人から認められたい」，「自分を成長させたい」という思いをもっています．人としてのこの素朴な思いが尊重され，1人ひとりの職員が意欲的に働き続けられるような運営が求められます．仕事の目的が共有でき，達成目標が明確になり，自分の果たす責任が自覚できたところに，かみ合った情報が届けば，1人ひとりが自覚的に働けます．人はだれでも，わかれば納得でき意欲がでます．わかれば知恵がでます．わかればやれます．

出所：コープみやざきの議案書から．

以上のように組合員の声を聴くことを中心に据えた職場運営は、職員が「自分がやっている仕事が組合員に役に立っている、組合員から喜ばれている」と実感し、仕事のやり甲斐が生まれ、職場風土は活気づいてきた。コープみやざきは、こうして組織論や商品政策を転換し、組合員を抽象的に見るのではなく、一人ひとりの組合員と見て、一人ひとりの組合員のよりよいくらしをどう実現していくのかというところに価値基準を置いたのである。本来生協は、組合員とのコミュニケーションにより、容易に声を聴き商品づくりや運営に生かすことができる特質があるにもかかわらず生かしきれていないのは、組合員の声をマスでしか見ていないからであろう。

またコープみやざきは組合員の声に最も近い現場で働く職員に対しては、〝職員観〟（表1－4）に示されているように、一人ひとりが自覚的に働くことを大切にしている。そのためにも、一人ひとりの判断力を持った職員に育つことが極めて重要になってくる。そうした判断力を日常の業務のプロセスのなかで身につけるため、現場においては組合員の〝声、成功・失敗〟事例研究が絶えずなされている。そのために、コープみやざきはマニュアルは極力少なくし、一人ひとりの職員の個性ある判断力に依拠しようとしている。そして、その判断（行動）基準は、「組合員がもう一度この商品を生協で買おうと思ったかどうか、周りの人が『ちゃんと対応してあげたね』と喜ぶか」で考える。この判断（行動）基準は、組合員本人の満足感を得るのではなく、他の組合員の共感を得られることを重視しているのである。

以上のように、コープみやざきは、組合員とのコミュニケーションを大切にし、そこから発せられる声に対して、職員集団は部署間の枠を乗りこえ「よってたかって」対応している。その結果、「組合員へのくらし役立ち度」は高まり、業績や職員の仕事のやり甲斐も全国のなかで常に上位に位置している。

④事例検証

以上の三つの購買生協の事例は、それぞれ異なる組織風土のなかで、①組合員の主体的参加と協同の再生、②職員のコミュニケーション労働と専門性の向上、③生協経営の有効性と経済性について、①、②、③を関係させながら、協同組合の原点に立ち返り取り組んできた。そして、その関係と連続が組織文化を形成し、職員の仕事のやり甲斐や生協経営の有効性と経済性を高めてきた。

表1-3は、三つの生協の供給高、経常剰余（率）、職員の仕事のやり甲斐を一覧にしたものである。供給高と経常剰余（率）は、日生協の「生協の経営統計」から、職員の仕事のやり甲斐（正規職員「展望あり、働きつづけたい」）は生協労連の「労組アンケート」（二〇〇六春闘準備のための生活実態アンケート、二〇〇六年一月）から引用した。生協労連が二〇〇五年九月～一二月末に実施したアンケートは、全国から二万三四六一人分回収されており、回収率が三七・二％という低い数値であるが傾向値はつかめる。

二〇〇五年度の三つの生協の供給高（店舗、無店舗合算）は、おおさかパルコープが前年比一〇五・一％と伸長しており、とちぎコープとコープみやざきはそれぞれ九九・九％、九九・一％と善戦している。また経常剰余率は、全国平均（購買生協一・五％）に比べ二・四～二・九％とそれぞれ高水準を維持しているが、とりわけ、とちぎコープは一・五％から二・四％へと上昇し、大幅に改善されてきた。

職員の仕事のやり甲斐については、「展望あり、働き続けたい」の全国平均は、二〇〇五年一九・八％、二〇〇六年一八・五％と下降しているが、三つの生協はいずれも上昇傾向にあり、二〇〇六年はすべて上位に位置している。

以上のように、三つの生協は、組合員の参加と協同の再生に力点をおき、職員の仕事の方向性を転換させてきたが、このことは生協経営の有効性と経済性を高め、さらには職員の仕事のやり甲斐を向上させてきており、①組合員の主体的参加と協同の再生、②職員のコミュニケーション労働と専門性の向上、③生協経営の有効性と経済性は相補関係にあることがわかった。

すなわち、現在の購買生協の再生の道筋は、とちぎコープ・おおさかパルコープ・コープみやざきの事例でも明らかなように、「組合員のくらしへの役立ち度」を高めるため、組合員の参加と協同の再生を最重点課題に据え、組織や事業の運営においては、「主体」である一人ひとりの組合員の声やくらしを起点に置くことである。そして、職員の働き方は、「主体」である組合員一人ひとりに寄り添い、「くらしへの役立ち度」を高めるための専門性の向上と、コミュニケーション労働を進化させ続けることが重要なポイントとなる。

(4) 新たな課題と新たな協同・協同組合

以上のように、現在の購買生協の再生の道筋は明らかになってきたが、一方新たな課題が発生し、購買生協は再び大きな岐路に立たされている。それは、経済のグローバル化や医療や福祉など社会保障制度の後退が進行していくなかで、子育て支援や高齢者介護などにおける「新たな生きにくさ」が出現しはじめ、生活・福祉領域への対応や「地域づくり」[13]が新たな課題となってきたことである。

すなわち、現段階の購買生協は「自らの組織の再生」と「新たな生きにくさ」への対応という二つの戦略的課題を同時に突きつけられているのである。現時点の課題である「自らの組織の再生」については、すでに整理してきた①「組合員の主体的参加と協同の再生」と②「職員のコミュニケーション労働と専門性の向上」を実践していくなかで改善の方向に向かうと考えられるが、「新たな生きにくさ」への対応は、海外においてはすでに新しい協同組合が立ち現れており、国内においても新たな協同・協同組合運動が展開されつつある。今後は、この「新たな生きにくさ」への対応を具体的に展開していくためには、新たな協同・協同組合運動を購買生協のなかにどのように組み込んでいくかがポントとなってくるであろう。

このように、購買生協は、大きな転換期を迎えているが、この大きな転換期において新たな協同・協同組合が立ち現れつつあり、時代の要請に応えようとしている。(14)

2　新しい協同組合の形成

(1)　海外における新しい協同組合の形成

現在の協同組合運動を国際的な視点から見てみると、その運動にある特徴を見つけることができる。それは、「新たな生きにくさ」を背景に、生活支援、地域福祉、教育、新たな働き方、雇用創出など「普遍的性質」を内包する「コミュニティの質」とその住民の「生活の質」を高めようと試みる新しい協同組合運動が成長してきていることである[15]。それは、比較的小規模な事業組織で、イギリスのコミュニティ協同組合やイタリアの社会的協同組合などに見ることができる。すなわち、先進資本主義諸国では、経済的な停滞が見られ、福祉・教育といった公共部門から国が撤退してきているなかで、そこに住む人々は自らの手で、協同組織という形態でコミュニティを再生し、活性化しようという新しい運動が展開されてきているのである。

フィンランド・コープ・ペレルヴォ（ＦＣＰ）のハビスト会長は、「新しい協同組合運動はＦＣＰに新たな課題を提起している」と言明し、次のように強調している。「現に伝統的協同組合が様々な困難に直面している状況下でも、新しい小規模な協同組合は何とかうまくやっているし、新しい協同組合に疑念を抱いていた人たちも徐々ではあるが、評価しはじめてきている。新しい協同組合運動は、多くの組合員を雇用し、地方のコミュニティ開発では一般の市民が積極的な役割を担うようになっている。その結果、いくつかの新しい協同組合は望ましい経済的成果を上げている[16]」。

ここで、海外における新しい協同組合運動の展開をイギリスとイタリアを事例に概観する。依拠するのは中川雄一郎、田中夏子の両氏の研究である[17]。

【イギリスのコミュニティ協同組合】

コミュニティ協同組合の歴史は、一九七七年、「ハイランズ・アイランズ開発委員会」（ＨＩＤＢ）のイニシアティブで、一二のコミュニティ協同組合が設立されたのがはじまりであるが、コミュニティ協同組合の定義は、一般的に用いられているのは、「コミュニティ・ビジネス・スコットランド」（ＣＢＳ）である。すなわち、「コミュニティ協同組合は、地方のコミュニティによって設立され、地方のコミュニティが所有・管理し、また地方の人々のために最終的に自立した仕事を創出することをめざし、かくして地方の発展の中核になることをめざす事業組織である。その事業組織から生みだされる利潤は、より多くの雇用を創出するため、地方のサービス業務を提供するため、あるいはコミュニティの利益となる他の計画を援助するためか、いずれまたはそのすべてに向けられる」[18]と定義づけられている。

ＨＩＤＢプログラムは、多数の失業者を抱えているかつての工業地帯やマージナルな地方経済地域それに遠隔地農村などで雇用創出、資源リサイクル、高齢者ケアなど各地方のコミュニティのニーズに根ざしたサービスを提供する事業展開を実施してきた。資金の調達はコミュニティの住民が出資した同額の資金を地方自治体が提供する方法をとっている。コミュニティの住民がコミュニティ協同組合に積極的に参加することは、結果として、エンパワーメント（コミュニティとその住民の自治能力を高める）、基礎能力の強化（コミュニティ協同組合を管理運営する能力を高める）、そして社会福祉事業サービスの提供と雇用の創出を実現させていったのである。そして、コミュニティ協同組合は都市部、農村部、離島において、一定の経済的、社会的効果を生みだしてきているのが現状である。

【イタリアの社会的協同組合】

イタリアの社会的協同組合は、経済的、社会的グローバリゼーションと高齢化、失業、女性の社会的参加の要求といったイタリア社会に生じる様々な問題に対し、イタリア社会自体が対処できなくなってきた状況を背景に、生まれてきた新しい協同組合である。

一九九一年に制定された法律第三八一号（社会的協同組合法）によれば、社会的協同組合の定義は、「社会的協同組合は、市民の、人間としての発達および社会参加についての、地域の普遍的な利益を追求することを目的としている」と規定され、具体的には、A型、B型の二部門に分類している。A型協同組合は、福祉、保健、医療、教育等のサービスを、高齢者、障害者等それを求める市民に提供するための協同組合である。それに対してB型協同組合は、身体・精神、知覚・知的障害をもつ人々や社会的不利益を被る人々が労働組合員の三割以上を占める協同組合である。

以上のように、社会的協同組合は特定の個人やグループの私的利益あるいは伝統的協同組合におけるような「組合員利益」を目的にするのではなく、障害や不利益な条件のもとに置かれている人々のニーズに応えることを通じてコミュニティの全般的な利益を追求することを目的としている。社会的協同組合はハンディキャップを負った人々、専門的職員、ボランティアの三者によって構成されている意味でも、構成されている人々の人間的発達の保障と雇用の創出を促している意味でも、一種の「複合組合」あるいは「多機能的協同組合」というべき新しい協同組合の形態をとっている。

このように、社会的協同組合は、これまでは互恵的な「共益組織」とされてきた伝統的協同組合の性格を大きく塗り変え、「地域の普遍的利益の追求」を謳ったところに画期性がある。

社会的協同組合は、イタリアにおける農協や生協といった伝統的協同組合と異なる協同組合であるが、徹底した内発性からくる、自分達を主人公とした地域づくりの一環として存在し機能しており、それが「コミュニティの質」と住民の「生活の質」の向上に貢献している。このようにして、社会的協同組合はイタリアの協同組合運動のなかで一定の位置を占めるようになってきた。現在、社会的協同組合の設立状況（イタリア労働省統計、一九九九年）は、A型三五七七、B型二三二〇、混合型三〇三、合計六二〇〇組合である。

(2) 新しい協同組合と伝統的協同組合

中川雄一郎氏は協同組合に対し、「コミュニティの質」と「生活の質」の向上の実現にもっと努力をすることを求め、そのプロセスにおいて、様々な他者や相違を受け入れることのできる能力（受容的能力）と自らのコミュニティを持続させ発展させていこうとする能力（自発的能力）が重要なポイントであると提起している。さらに中川氏はその提起に対し明確な回答を示しているのがイタリアの社会的協同組合だと明言し、「社会的協同組合はコミュニティの全般的利益を追求している点で『公益性』が高く、個人の人格的成長の促進（人間的発達）と人々を分け隔てなく社会の一員となること（市民の社会的結合）をめざしている点で『普遍的性質』をもっているところに特徴がある[19]」と整理している。

表1-5　伝統的協同組合と新しい協同組合の比較

	伝統的協同組合	新しい協同組合
活動領域	商品の購買・販売	福祉サービス・地域づくり(公益性)
対象	特定の個人(限定性)	不特定多数者(普遍性)
組織の性格	共益・共助	公益・公助
構成員	シングルステークホルダー	マルチステークホルダー
事業規模	大規模	小規模
運営	間接民主主義	直接民主主義
地域づくり	地域社会との関係は比較的弱い	行政や諸団体とのネットワーク的連携が強い

出所：先行研究を参考に筆者が作成.

また田中夏子氏は社会的協同組合の特質すべき特徴として、幅広い活動領域と公益性、小規模な組織構成、マルチステークホルダー型組織、内発的かつ独自のネットワークを活かして、他の社会的諸主体（地域、行政、市場）と様々な関係を結んでいると整理している[20]。

次に、新しい協同組合と伝統的協同組合の相違点を整理して見ると、表1−5のようになる[21]。まず、活動領域が伝統的協同組合の場合、主要には商品の販売や購買の協同であるのに対して、新しい協同組合は福祉的領域や地域づくりに関する領域における協同である。次に、対象は、伝統的協同組合は特定の個人であり、その組織の性格は「共益・共助」であるが、新しい協同組合は不特定多数者であり、「公益・公助」である。構成員は、これまでの伝統的協同組合は単一の利害関係者（シングルステークホルダー）であるが、社会的協同組合は、専門的職員、ボランティア、ハンディキャップを負った人々など複合的利害関係者（マルチステークホルダー）で構成されている。以上の四点が伝統的協同組合と新しい協同組合の決定的な相違点であるが、新しい協同組合は、その活動領域や組織の性格から自立（自律）性が比較的高く、小規模運営、直接民主主義、諸団体とのネットワーク性なども特徴的である。

いずれにしても、新しい協同組合は、これまでは「共益・共助」とされてきた伝統的協同組合の性格とは大きく異なり、地域や社会の普遍的利益を追求し、「公益・公助」を目的にしたところに画期性がある。

(3) 国内における新たな協同・協同組合運動の展開

地域社会は、総じて人と人との結びつきの弱体化や孤立化が進行しているが、とりわけ農村部においては過疎・高齢化と、集落機能の衰退が同時に進み展望がなかなか見えてこない。そのような状況下で、住民自らが各地で自立（自律）の道を模索し、行動する市民や自立する女性達が増えてきていることは注目すべきことである。彼等は過去やしがらみを超えて新しい関係をつくりだし、教育、文化、地域福祉、生活支援、食料などの分野で大小様々な協同組織（ワーカーズ・コレクティブ、NPO法人、ボランティア組織など）を形成し、地域社会の新しい展開の可能性を提示してくれている。特にワーカーズ・コレクティブに従事している女性達は全国でおよそ七〇〇団体、約一万六千人が活躍しており（二〇〇五年一一月現在）、労働統計的に見ればまだごく小さな数値であるが年々増加傾向にある。注目すべきことは、ワーカーズ労働に従事している女性達は、地域で多様な協同組織と連携しネットワークをつくり、地域社会を復権する一躍を担って活動している点にある。

また女性や高齢者の仕事起こしの協同組織も各地で展開されている。とりわけ農村地域における起業は活発である。農水省の調査によれば、農村地域における起業数は一九九三年に一二五五グループであったのが、二〇〇二年には七三二七グループと急増している。この数値は全国の農業改良普及センター経由で集約されたものであるが、実質的にはもっと多くの「女性起業」が存在すると思われる。仕事の内容は「食品加工」、「販売・流通」、「農業生産」、「都市との交流」、「食品以外の加工」、「サービス事業」の順となっているが、「食品加工」と「販売・流通」が八割以上を占めている。

こうした女性起業による協同組織の全国的展開の特徴は、まず販売額は総じて小額であり、これまで活動のなかで蓄積してきた技術や地域資源を活用しつつ、身の丈に合った経済行為と結びついている。したがって、女性の仕事起こしは、経済的地位の確立という意識もあるが、自分らしく生きたいという思いや、自己実現、地域のくらしやすさを求めた活動が柱になっているのも特徴的である。また彼等は市場原理と異なるワークシステムを創出し、労働報酬についても仕事の社会的価値や働き甲斐を重視する。そして、直売や農産加工等に見られる起業は新しい価値や地場流通を創出しつつ地域の農業振興や経済活性化をはかることで地域の自律性を高めるものであるし、「福祉」の起業も住民参加による地域福祉の自律性を高めるものである。

これらの女性起業の共通点は、協同組織として立ち現れ、地域や社会に協同的な関係をつくる協同運動であり、そして、事業をともなう点で協同組合的性格を持っていることである。これらの女性起業に対して、根岸久子氏は「新しい協同組合」と位置づけることができるのではないかと述べている[22]。

このように、国内における新たな協同・協同組合の活動領域は、農村部においては、高齢者の見守り活動や、女性や高齢者を中心とした農産物の直売所や食品加工などの仕事起こしであったり、都市部においては、子育てや生活支援などの生活・福祉領域である。その背景には、協同の弱体化や孤立化が進行するなかで、「新たな生きにくさ」が出現したことに対し、住民自らが関係性を取り戻し、「人間らしく生きたい・働きたい」という時代の要請がある。これらの新たな協同・協同組合は、高い公益性や小規模運営など、海外における新しい協同組合と類似する。

以上のように、国内における新たな協同・協同組合は、農村部、都市部を問わず、生活・福祉領域や地域づくりにおいて各地で形成されはじめている。また購買生協においても、内部や周辺部で「新たな生きにくさ」への対応や「新たな働き方」としてのワーカーズなど、新たな協同・協同組合が展開されつつある。

この新たな協同・協同組合は、生活・福祉領域や地域づくりなど公益性の高い領域であったり、新たな働き方としてのワーカーズなど多彩であるが、その活動領域や事業活動の性格から「新しい協同組合」の萌芽を思わせる。

今後は、時代の新たな要請として形成されてきた「新しい協同組合」を、現在の購買生協のなかに、どのように関連させていくかということが課題となる。

3　購買生協と新しい協同組合の関連

(1)　購買生協と新しい協同組合の関連を問う意義

海外においては、イギリスのコミュニティ協同組合やイタリアの社会的協同組合といった新しい協同組合の出現と発展は、農協や生協のような伝統的協同組合に基礎を置く「組合員の利益に奉仕する」という協同組合のコンセプトを見なおす契機を与えるようになってきたし、その結果として、伝統的協同組合の方でも新しい協同組合運動の重要性を認識するようになってきた[23]。このように時代の転換期には、常に主体的・自発的な運動が芽生え、歴史的に時代を動かす原動力となってきているのも事実である。

国内においては、新たな課題が浮上してきた。それは、生活支援・子育て・教育・高齢者の介護・働き方・家族団らんの喪失など「新たな生きにくさ」がくらしや地域の新たな課題となってきている。これらの要因は様々考えられるが、経済のグローバル化が進行するなかで、関係性や協同の弱体化により、地域のなかで、「おたがいさま」の精神で気軽な助け合いや人間関係が希薄化し、「孤立化」現象が起きてきていることが考えられる。

購買生協は、かつて、オイルショック後の物価安定や食の不安への対応という時代の要請を受けて、新たな協同のエネルギーを共同購入という新たな事業へ組織化することにより解決をはかり、さらには店舗事業が低迷するなかで、共同購入事業は生協運動全体を発展させる原動力となってきた。

これと同様に、「新たな生きにくさ」に対応する新たな協同・協同組合が購買生協の内部や周辺部において立ち現れつつあるが、購買生協はこれらの新たな協同・協同組合を内部化し、関連し合うことが、ひいては組織運営や事業運営で困難に直面している購買生協を再生させる原動力となる可能性を持ってきた。すなわち、現在の購買生協の再生の道筋については、すでに①組合員の主体的参加と協同の再生、②職員のコミュニケーション労働と専門性の向上であると整理してきたが（第一章第一節）、購買生協と新たな協同・協同組合を関連させることにより、購買生協の再生が一層促進されるものと考えられる。

このように、新たな協同・協同組合のなかで形成されつつある新たな協同のエネルギーは、購買生協と関連し合うことで購買生協のなかで薄まってきている協同を再生させるばかりではなく、今度は逆に購買生協でこれまでに蓄積されてきた人的・経営的資源を新たな協同・協同組合へ注入することが、新たな協同・協同組合の発展を継続的に推し進めることにつながる。つまり、購買生協と新たな協同・協同組合が関連し合うことは、それぞれが持っている強みが双方に影響し合い相乗効果をもたらし、生協運動の持続的発展の可能性を持ってきたということである。

以上のように、購買生協と「新しい協同組合」との関連のあり方は、二一世紀の生協の方向性を検討する上で、重要なカギを握っているといえる。

(2) 購買生協と「新しい協同組合」の関連の評価

二一世紀型生協の論点の一つは、購買生協と「新しい協同組合」との「分業」と「関連」と思われるが、全国では、この議論は余りなされておらず、「関連」についても評価する立場は少数である。

そのようななかで、下山保氏は、「首都圏コープはパルシステムの高度な事業集中によって、会員生協では粗利益までが保証されている。そのため、会員生協では事業に関わる煩わしい実務が少なく、組合員組織活動に専念することが可能となった。さらに付言すれば、粗利益保証からネット保証に進めば、経営上の複雑さや困難さから一層開放されて、より運営し易くなっていく[24]」と主張し、さらには購買事業は事業連合に集中することにより、会員生協は「組合員組織活動に専念することが可能となった」というように、「関連」についてあまり触れず、購買事業＝事業連合、組合員活動＝会員生協という「分業」を唱えている。しかし、下山氏の主張は、「分業」論とは言え、会員生協に対して福祉サービスなどの取り組みを提起し「新しい協同組合」を積極的に位置づけている点で、評価すべきである[25]。

一方、中村陽一氏や藤井敦史氏は「関連」を模索する立場をとっている。

中村陽一氏は、「市民型生協[26]と購買生協という要素をつなぐ理論と実践こそ、本書後の大切な課題だと感じている。この二つの要素は、どちらを欠いても弱点を抱え込むこととなるからである。それは、現在構想されていると聞く『生協学』の問題意識にあるアソシエーションとエンタープライズというキーワードとも接点をもっている[27]」と主張している。

藤井敦史氏は、東京マイコープやNPO法人などの調査をもとに、次のように整理している[28]。「『生協の地域への開放』という流れは、生協の組織デザインを変革していく重要な契機になることは歪めないだろう。何故なら、地域に密着して、NPO法人やコミュニティ・ビジネスをはじめ、多様で異質な地域アクターと連携していくためには、従来のように階層的な代表制民主主義を旨とする大規模な組合員組織では明らかに無理があるからである。今回のヒアリング調査を通じて、私は、これからの生協が、徐々に二層構造の組織の組織形態をとるようになっていくのではないかという感覚をもった。すなわち、規模の経済が働きやすい物品事業は広域の事業連合レベルで展開され、それを下部構造として、NPO法人やコミュニティ・ビジネスによる地域密着型のヒューマン・サービス事業が地域ごとにネットワークの輪を広げながら有機的に展開していくイメージである。前者と後者の最適なミックスを、どのような形で地域デザインとして構築していくか、それが、これからの発展にとっての重要な鍵になるのではないだろうか」と、藤井氏は提起している。

次に、増田佳昭氏と田中秀樹氏は「関連」を積極的に評価しているが、以下両氏の考え方を紹介する。

増田佳昭氏は幾つかのJAの事例をもとに次のように整理している。「農業面活動においても生活面活動においても、地域組織性、全農家加入性は、それだけではもはや農協の活力の源泉とはなりえない。すでに述べたように、異質化した期待、異質化した事業ごとに、組合員の参加と自主的な事業運営ができる仕組みを確立する以外に、農協事業活性化の道はない。ましてや、業務区域が広域化し、組織が巨大化する広域合併農協において、その必要性は格別である。協同組合として組合員の参加による活性を維持しながら、かつ事業の効率的運営を実現するためには、その内部に営農面、生活面での多くの『専門農協』をつくるという組織イメージが求められるのである。いい換えれば、広域合併農協は、それら『専門農協』のネットワークによって構成されることによってはじめて組合員の参加と民主的運営が実現可能となり、その活力と競争力が得られると考えるべきであろう[29]」。さらに、増田氏は、「急速に農業経営が分化分解し、従来と異なる性格をもつ経営体が生まれ、また販売形態も多様化している今日、かつてのように稲作生産者を単なる『JA事業利用者』として、一般的に捉えて組織・事業を構築することには、明らかに限界がある。共通の目的を持った同志的な組合員組織をJA内部に多様に組織することによってしか、構造変動下でJAらしい事業展開は不可能なのではないか。組合員の著しい異質化を考えた場合、共通の利害を持つ組合員組織を基本にした事業方式の再構築、いい換えれば『分社化』ないしは『JA内小JA化』は検討されざるを得ない課題であろう[30]」と主張している。

一方田中秀樹氏は、現在の購買生協に問われている戦略的課題として、「購買生協における協同と事業の関連の再構築」と合わせて、「大きな購買生協の中に小さな新たな協同組合をつくる」（伝統的購買型生協と新たな協同組合との関連構造）を提起している[31]。すなわち、田中氏は、購買生協を「大きな協同組合」、新たな協同組合を「小さな協同組合」と捉え、「大きな協同組合の中に小さな協同組合をつくる」ことは、小さな協同組合が大きな協同組合に新たなエネルギーを与え、購買生協における協同を活気づけることにつながる、と主張する。そして、購買生協は新たなエネルギーを吸収しながら、地域の協同センターとしての位置を持ち、地域の多様な協同と連続し、関連することになる、と整理している。

実は、田中氏の議論は、一九九九年一二月、広島で開催された「ひろしま・地域と協同」集会にさかのぼる。購買生協、医療生協、JAなどの常勤役員・幹部職員や組合員が参加したパネルディスカッションのなかで、次のような議論がなされた。「人々の協同の組織化と効率化との間で絶えず揺れる。この〝揺れ〟を共有し合う関係があることが、協同組合の事業組織の大切な点であり、この〝揺れ〟を解消してシステマティックに形をつくってしまっては、協同や夢は消えてしまう」「広島中央保健生協のヘルパー集団である『青い鳥』やちばコープの組合員同士の助け合い組織である『おたがいさま』は元気だ」。その議論を受け、田中氏は、「これからの協同組合は効率化によるシステマティックな大規模組織に一元化するのではなく、協同を内部に組織化しうる事業組織として『小さな協同組合を無数に内部化』することが重要ではないか。すなわち、大きな協同組合の中に小さな協同組合をつくるという『協同組合内小協同組合』の形成が重要ではなかろうか[32]」と整理した。

以来、筆者は、かつて店舗中心の購買生協が低迷しているなか、共同購入の台頭とその「関連」により生協運動全体が大きく前進してきた時と同様に、購買生協と「新しい協同組合」の「協同組合内小協同組合」という「関連」は重要な戦略課題だと考えている。

しかし、「関連」を積極的に評価する議論は少なく、関連構造の整理や類型化はいまだできていないのが実情である。関連構造は地域性や歴史的経過なども含めて多様な形をとって現れつつあるが、今後は関連構造の現状分析にもとづく類型的整理と「関連構造」論を発展させ、購買生協の新たな方向性を考察することが本書の課題となる。

注

(1) 兼子厚之「日本の生協の現状とその発展要因」(生協総合研究所編『協同組合の新世紀』コープ出版、一九九二年)。川口清史「日本生協運動の発展モデル」(同右書)。栗本昭「日本型生協の特質と現状、変化のトレンド」(現代生協論編集委員会・編『現代生協論の探求〈現状分析編〉』コープ出版、二〇〇五年)。

(2) 田中秀樹『消費者の生協からの転換』日本経済評論社、一九九八年。

(3) データは『現代日本生協運動史(上・下巻)』日本生活協同組合連合会、二〇〇二年。班共同購入はいわゆるこれまでの班(グループ)への配達(班配)をさし、個配は一九九〇年代から出現した班への配達ではない個別の配達をさす。全国では、班配・個配を含め無店舗(事業)としてくくっている。一方、経常剰余金などの損益データは、班配と個配は分類できず、無店舗(事業)又は共同購入(事業)としてくくっている。

(4) 毛利敬典「組織風土とマネジメントの視点から共同購入を考える」(くらしと協同の研究所編『進化する共同購入』コープ出版、二〇〇五年、一一〇～一一一ページ)。

(5) 的場信樹「〝進化する共同購入〟、このタイトルが意味するもの」(同右書、二〇〇五年、一四ページ)。

(6) 川口清史「進化する共同購入－持続可能な生協めざして－」(同書、一七～四九ページ)。

(7) 二宮厚美『コミュニケーションと福祉労働』佛教大学通信教育部、二〇〇四年。二宮氏は、コミュニケーション労働の典型を福祉労働と捉え、次のように整理している。福祉労働は、相手がモノではなく人間であることからコミュニケーションが大切となる。コミュニケーションを良好に促進させていくためには供給者のコミュニケーション能力を高めることが重要である。コミュニケーション能力を高め続けることは、供給者の専門性を高め、同時に相手の喜びや人間的な諸機能の発揮を促し、そのことにより逆に供給者は仕事のやり甲斐や生き甲斐を感じることにつながなる。

(8) 二宮厚美、同右書、二八ページ。二宮氏は、福祉労働を通じ、コミュニケーション能力を高める内容を次の三点に整理している。①自分がサービスを担おうとしている相手側の状態を正確に、科学的に捉え、②どのように福祉のサービスをするのかというときの価値判断やルールに習熟していることと、③優しさと思いやりを持って相手の立場に立ち、より適切に相手に理解されるよう表現できることである。

(9) 田中秀樹、前掲書、vii～viiiページ。

(10) Victor A. Pestoff, Between Markets and Politics: Co-operatives in Sweden, 1991. ビクター・A・ペストフ『市場と政治の間で』(藤田暁男、田中秀樹、的場信樹、松尾匡訳) 晃洋書房、一九九六年、一三二～一三七ページ。

(11) 二宮厚美、前掲書。二宮氏は、コミュニケーション労働は、相手の喜びや人間的な諸機能の発揮を促すことにより、職員は仕事のやり甲斐や生き甲斐を感じる、と整理している。

(12) 「おしゃべり」を中心に据えた活動は、長崎のララコープにも見られる。二〇〇六年度のララパーティの開催状況は、八九七三会場、五万一八七七人(うち非組合員五三三三人)の参加となっており、延べ参加人数は対組合員比三〇%となっている。このおしゃべりパーティは、これまでとは全く異なる新たな取り組みという点で「市民的発明」(浜岡政好)といえ、さらには人と人とを結びつけ組合員が主体的に生協の場を生かし地域づくりに向かっている(毛利敬典)。ちなみに、ララコープの二〇〇六年度の経営実績は、供給高二一〇億三四百万円(前年比一〇一・二%)、経常剰余金三億九〇百万円(前年比一四五・六%)と増収増益であった。

二〇〇七年三月末組合員は一七万一三人である。

(13) 鈴木文熹「競争社会とは異なるもうひとつの社会を求めて」(南信州地域問題研究所編『国づくりを展望した地域づくり』やどかり出版、二〇〇四年)。鈴木氏は、「地域づくり」について、「人間と人間の関係と人間と自然との関係づくりが地域づくりの根幹である」と整理している。また田中秀樹氏は地域づくりを「協同で満たされた地域空間をつくること」と整理している(「地域づくりと産直市」広島県協同組合学校、二〇〇七年)。

(14) 類似する考え方として川口清史氏が参考になるので紹介する。川口氏は、購買生協の現段階を第二の創業期と捉え(『協う』第九六号、くらしと協同の研究所、二〇〇六年)、次のように主張している。「福祉事業を生協が取り組むことは、地域が抱える最も切実なニーズに応えていくという意味がある。そして、生協は福祉事業を通じて『生協への信頼(ソーシャル・キャピタル)』を深め、拡大することにつながる。同時に、福祉事業はそれ自体が社会性を持つため、生協は行政や地域社会全体に対して開かれた組織となり、社会との新しい接点を広げることにつながる」。

(15) 中川雄一郎「グローバリゼーションとコミュニティ協同組合」(農林中金総合研究所編『協同で再生する地域と暮らし』日本経済評論社、二〇〇二年)。

(16) 中川雄一郎、同右論文、一九八ページ。中川氏は、新しい協同組合運動の発展について、フィンランド・コープ・ペレルヴォのハビスト会長の提起を引用している。

(17) 中川雄一郎、同論文、中川雄一郎『社会的企業とコミュニティの再生』大月書店、二〇〇五年、田中夏子『イタリア社会的経済の地域展開』日本経済評論社、二〇〇四年。田中夏子「イタリアの社会的経済と、市場及び自治体との相互作用について」(農林中金総合研究所編『協同で再生する地域と暮らし』日本経済評論社、二〇〇二年)。

(18) John Pearce, Running Your Own Co-operative: A Guide to the Setting up of Worker and Community Owned Enterprise, The Kogan Page Ltd., 1984, pp. 17-18.

(19) 中川雄一郎、「グローバリゼーションとコミュニティ協同組合」(前掲書)、一九七ページ。

(20) 田中夏子、前掲論文、二四〇ページ。
(21) 次の三人の先行研究を参考に整理した。田中夏子前掲論文、中川雄一郎前掲論文、鈴木勉「福祉の共同性と協同組合の福祉事業」(『協う』第九五号、くらしと協同の研究所、二〇〇六年)。
(22) 根岸久子「女性及び高齢者の〝農〟を含めた仕事起こし」(農林中金総合研究所編、前掲書、七八ページ)。
(23) 中川雄一郎、前掲書、一九八ページ。
(24) 下山保「見えてきた21世紀型生協」(中村陽一+21世紀コープ研究センター編著『21世紀型生協論』日本評論社、二〇〇四年、三〇一ページ)。
(25) 首都圏コープグループの「新しい協同組合」に対しての考え方は、唐笠一雄「首都圏コープグループがめざす『21世紀型生協』」(中村陽一+21世紀コープ研究センター編著、同右書、二五一～二五九ページ)の中で整理されている。唐笠氏は、この中で、首都圏コープグループがめざす二一世紀型生協像について、イタリアの社会的協同組合を参考に、「新しい協同組合」の形成を明言している。
(26) 中村陽一氏は「新しい協同組合」を「市民型生協」と表現している。
(27) 中村陽一「はじめに」(前掲『21世紀型生協論』viページ)。
(28) 藤井敦史「生活協同組合の地域への開放」(前掲『21世紀型生協論』一二一～一二三ページ)。
(29) 増田佳昭「農協運動の日本的特質とその変容」(『協同組合研究』第一七巻第三号、日本協同組合学会、一九九八年、一〇ページ)。
(30) 増田佳昭「農業構造の変動とJA水田営農事業方式転換の課題」(『新たな米生産・販売環境下の水田営農組織』JA兵庫中央会、一九九七年、九三～九四ページ)。
(31) 田中秀樹「生活主体形成と生協運動」(現代生協論編集委員会・編『現代生協論の探求〈理論編〉』コープ出版、二〇〇六年、一〇四ページ)。
(32) 『協う』第五九号、くらしと協同の研究所、二〇〇〇年、五ページ。

第二章　協同組織「いきいきいわみ」と新しい協同組合

1　はじめに

協同組織は、そもそも生産や生活における相互扶助組織として人々の営みのなかから、貧困化への対抗として形成されてきた。協同組織の特徴は商品経済の浸透を背景に、個の自立化を前提としており、その点で、共同組織（共同体）とは異なる。こうした協同組織は資本主義の発展とともに、様々なアソシエーションとして結成されてきた（労働組合、協同組合、NPO法人など）。

そのようななかで、農協や生協といった伝統的協同組合は、その組合員組織はアソシエーションとして協同組織であるが、ともに販売や購買といった市場条件の改善をめざした協同である。すなわち、主要には販売協同であり購買協同であった。

これに対し、「新しい協同組合」が現れてきており、そこにおける協同は生活・福祉領域、あるいは地域づくりに関する領域における協同であることを特徴とする。また「新しい協同組合」は、生活・福祉や地域づくりを目的としており、公益性が大変高いのも特徴といえる。さらに現代社会では、農村地域においても伝統的共同体の衰退とともに、商品化の浸透による個別化が進み、協同そのものの再生が新たな暮らしの課題となりつつある。

本章では、「新しい協同組合」の形成を検証する事例として、島根県石見町（現邑南町[1]）の協同組織「いきいきいわみ」を取り上げた。「いきいきいわみ」は、過疎・高齢化が深刻化するなかで、協同をベースに高齢者の見守りや生活支援などを目的としている公益性の高い組織である。そして、「いきいきいわみ」は現在、伝統的共同体が衰退していくなかで、行政や様々なボランティア団体とネットワーク的に関連し、地域づくりの担い手として立ち現れている。

また「いきいきいわみ」は、高い公益性・社会的諸主体とのネットワークなどを特徴としている点で、イタリアの社会的協同組合に類似しており、「新しい協同組合」の芽生えとして捉えることができる。

本章は、協同組織「いきいきいわみ」の形成過程や活動内容を実証的に分析し、その特徴を明らかにし、「新しい協同組合」の形成について考察する[2]。

2　石見町の概要と地域づくり

(1)　石見町の概要

最初に石見町の概要について簡単に触れておく。石見町の面積は一三七・四平方キロで、平坦部の標高は一五〇～三〇〇メートル、周囲は六〇〇～八〇〇メートル級の山岳で囲まれた盆地状の地形であり、温度の年間比較差はかなり著しく山間地特有の気候である。

人口は昭和の大合併当時（一九五五年）一万一一六二人（二二八六世帯）で高齢化率は八・八％であったが、それを頂点としてその後年々減少し、一九七〇年の国勢調査では人口は七六四七人（二〇六八世帯）、一世帯当たりの人数は三・七〇人で高齢化率は一六・〇％であった。二〇〇〇年になると人口は六四八四人（二〇五七世帯）、一世帯当たりの人数は三・一五人で高齢化率は三一・九％となっており、少子高齢化が確実に進行していることがうかがえる。

また石見町の農業は戦後一貫して産米第一主義を堅持してきた。一九七〇年から七五年にかけ専業農家は二四七戸（一五・六％）から一三一戸（九・三％）、第一種兼業農家は七七三戸（四八・八％）から二五七戸（一八・一％）と激減した一方、第二種兼業農家は五六五戸（三五・六％）から一〇二八戸（七二・六％）と急増した。二〇〇〇年度は専業農家は一四八戸（一四・〇％）、第一種兼業農家は五二戸（四・九％）、第二種兼業農家は八六一戸（八一・一％）と推移してきた。

(2) 地域づくりの土台形成

石見町は明治から大正にかけ出稼ぎが急増し、その後も「海外移民」も含め転出者が増加し続けた。そのような状況下で、石見町は出稼ぎしなくてもよい町をめざして、一九七〇年代に転出者を食い止めるため積極的に企業誘致を促進し、圃場整備と農業の機械化を推進させ、「農工並進の町づくり」を展開していった。しかし、そうした農業の近代化は今度は足手まといとなる高齢者の農業からの排除や、女性の兼業により農家でありながら野菜の購入という事態を招いてしまった。その事態に不安を抱いた住民達は、その後高齢者の仕事と居場所づくりとして、「ふれあい農園」や野菜の自給運動を推進していった。一九八〇年代は圃場整備により地力が低下しはじめたため、危機感を抱いた農家・農協・町の三者は町全体で有機農業に取り組み、さらには野菜の自給運動を発展させ、生協ひろしまとの産直へと進展していったのである。以上が石見町における地域づくりの土台形成の大まかな変遷であるが、次に具体的な中身について述べる。

「ふれあい農園」は、一九七八年四〇アールの土地を農協から無償で借り受け、平均年齢七六歳の三〇人のお年寄りだけで立ち上げた協同経営農場である。生産物は小豆、じゃがいも、ヒノキの苗などであり、年間二百万円（当時）になった。農作業は実際参加者の半分位の人しかせず、あとの半分の人はおしゃべりしかしないが、手当ては全員平等に分配された。その理由について、当時の世話人は「この年寄りが暑くても寒くてもここへ集ってくるのは、男ならガキ大将仲間、女ならば縁あってここへ嫁にきた。みんな色んな人生をおくってきた。同じような幸せや悲しみ辛さを共有してきた仲間だ。それを仕事をするしない、うまいへたで区別できない」と説明する。「ふれあい農園」はまさに高齢者にとって生き甲斐の創出の場となっていたのである。競争社会のモノサシに慣らされていた農協の生活指導員達は、高齢者問題は効率のモノサシではなく一人ひとりの人間が尊重されるモノサシが大切だということにはじめて気づかされた。(3) このようにして、「人間尊重の福祉のモノサシ」の考え方は生活指導員達を通じて地域のなかへ徐々に浸透していったのである。

一方「ふれあい農園」が開設された数年後、石見農協婦人部と広島市内を中心に活動していた生協ひろしまとの交流がはじまったわけであるが、広島での生協まつり、石見町での交流会など二年間にわたり人と人との交流を重ねた。その後、農協婦人部が有機農業で自給的に生産していた野菜の余剰分を生協へ供給する「分けあい産直」が試験的に開始され、産直交流が本格化していった。その後一九八〇年代後半からは分けあい産直は季節の野菜を七~八種詰め合わせた「野菜ボックス」方式に再編された。野菜ボックス方式はお年寄りの細かな手作業を必要としたため、「ふれあい農園」で蓄積された経験と人材が求められることとなった。この段階で「ふれあい農園」は野菜ボックス作業を全面的に応援するため発展的に解消されていった。そして、「ふれあい農園」ではじめて気づかされた「人間尊重の福祉のモノサシ」は、その後二〇年余におよぶ地域づくりや「いきいきいわみ」の基本的な考え方の土台となっていったのである。

農業の近代化は「少品目大量生産」の主産地形成を産み、産地の大規模化、さらには生産と消費との距離の拡大を促していったが、野菜ボックス方式は農産物の「少品目大量生産」から「多品目少量生産」を可能にし、生産と消費との距離を縮めていった。当時石見町は過疎化に加え高齢化により、従来の一定規格の農産物を大量に出荷することが困難になりつつあったが、「多品目少量生産」方式は高齢者や女性が主たる担い手になっている兼業農家の生産形態に合致し、農家の生産意欲と所得向上につながり、さらには生産者と消費者の顔の見える関係を築き上げていった。

以上のように、農家・農協・町と生協は、生産・加工や流通の大型化にともなう生産と消費の距離の拡大化に歯止めをかけ、生産者と消費者の人間的関係の回復と高齢者や女性が担える生産形態を優先し、地域づくりに取り組んできた。永田恵十郎氏は著書(4)のなかで、「まだ端緒であるが、この間の産直の取り組みは兼業農家、高齢者、女性の活力を引き出しただけではなく(『人間』の再生産による労働力の自立化、水準の向上)、多元的な販売流通システムの形成を可能にした。そして、生協ひろしまとの産直交流は、合理的な地域農業の形成と結びついた公益的機能の国民的利用の一形態と言ってよいだろう」と評価している。

また鈴木文熹氏は、地域づくりについて、「経済的にはマイナス成長になっても人間と人間との関係が崩れない関係をつくり上げ、人間と自然との関係づくりが地域づくりの根幹である。例えば、人間と人間との関係という場合、競争は社会分裂の様相を帯び、その対抗として、相互にお互いをありのままに認め合うという人間と人間の関係づくりという課題を、生き方の土台に据えることが求められている」と整理しているが(5)、「ふれあい農園」や野菜の自給運動、そして生協ひろしまとの産直の取り組みはまさに鈴木氏が述べている地域づくりの考え方と合致する。

以上のような過程をへて、石見町における地域づくりの土台が形成されてきたが、一方一九九〇年代に入ると石見町の高齢化が一層進み、独り暮らしのお年寄りの増加や、介護の重みに疲れ果てた長男の嫁世代の問題など、地域社会における高齢化問題が一層深刻化してきた。こうした高齢化を背景に長男の嫁世代が立ち上がり、結成されたのが協同組織「いきいきいわみ」である。

3 「いきいきいわみ」の形成過程

「いきいきいわみ」は中高年の女性達を中心に一九九二年に発足し、現在会員は三一一名（二〇〇三年）となっている。具体的な活動は高齢者の見守りと生活支援であり、町全域で活動している協同組織である。次に「いきいきいわみ」の誕生の背景と形成過程について述べる。

(1) 背景

一九八五年の「プラザ合意」以降、日本資本主義は本格的な多国籍化の道を歩みはじめ、国内農業は縮小再編の過程に入った。そのような状況下で、一九八〇年代後半からはじまった生協ひろしまとの産直は石見町農業の縮小を食い止める上で大きく貢献してきたが、一九九〇年代に入ると高齢化と過疎という大きな問題が一層深刻化してきた。一九八〇年代までは高齢化率が二〇％台であったのが、九〇年代になると一挙に三〇％台へと突入していった。

そして一九八〇年代後半以降、お年寄りを支える中心的な担い手は女性であり長男の嫁世代であったが、今度は農家の嫁達が農業と介護で過労が重なり次々と倒れていった。ついには女性達はこの現状に対しお年寄りだけの問題ではなく自分達の将来の問題として捉えざるを得なくなっていったのである。

(2) 時期区分

①前段階

一九九〇年、「高齢者保健福祉推進一〇カ年計画」(ゴールドプラン)が策定された頃、農協のケアワーカーは高齢者福祉活動の第一線を担うマンパワーとして一九九〇年代初頭から全国の農協で組織的に養成がはじまった。

そのようななかで農協の生活指導員や長男の嫁世代が着眼したのは、将来仲間達と助け合っていくためにはまず介護リーダー養成研修が必要だと考えたのである。当時農協や男性達は養成研修に対しては見向きもしなかったが、女性達は前述した危機意識から積極的に取り組んだ。

一九九二年一月より「助け合い活動ワーカー養成講座」の第一期の研修がはじまり、高齢者・障害者福祉、心理、介護、医学に関する基礎知識、調理実習、施設見学と、三月までの八日間研修し、三月末には全員が三級ヘルパーの資格を取得した。その後修了生達は習得した知識や技能を何かに役立てたいと考えはじめ、社会福祉協議会(社協)の協力もあり、事務局を石見農協(当時)に置き、一九九二年五月二六日に「いきいきいわみ」を発足させた。

発足当初は行政から、「町としてこれだけ福祉行政に取り組んでいるのにまだ不足か」と非難されたが、行政は基本的には当時は今のような二四時間体制ではなく九〜一七時の範囲内であったし、残りの空白の一六時間は誰がサポートするのかということが住民のなかで問題となっていた。結局住民達は、空白の一六時間の高齢者の暮らしを見守り支援していくには、そこに住む人のアンテナが必要と考え、そのアンテナ役に「いきいきいわみ」の会員がなろうということになったのである。

ここで助け合い活動ワーカー養成講座について簡単に触れておく。表2-1でわかるように八日間の日程で一〜三月の農閑期に実施される。講師はできるだけ地元をよく知っている方にお願いし、町内の具体的事例に触れながら解説してもらうようにしている。そうすることにより受講生は地域と自分のくらしが重なり、地域を身近に感じるようになるし、技術研修も石見町の実態が随所に見られるように工夫されている。また有職者のため土曜日も入れている。ただし日曜日は家事の関係で除いている。

講座の内容は石見町の福祉の実態、福祉や介護についての専門的な知識や技術の習得、人間尊重や人への優しさ（「共感的理解と基本的態度の形成」、二日目の講義）を重点的に組み込み、人づくりの基本が習得できる仕組みになっている。つまり、修了生が受講前より少しでも地域のことが理解でき、専門的知識も多少は増え、他人へ優しくなれればよいと考え講義の中身が工夫されているのである。まさに、地域福祉の担い手づくり養成講座のようである。

表 2-1　第 12 回石見町助け合い活動ワーカー養成講座（2003 年）

1 月 23 日(木)	・開講式，オリエンテーション ・「心理面への援助方法」（西川病院医療相談室，室長森山一寿） ・「ホームヘルプサービス概論」（国際医療福祉専門学校出雲校，教務主任伊藤智子）
1 月 24 日(金)	・「ホームヘルプサービスの共通理解」（石見町社会福祉協議会，係長大田明美） ・「共感的理解と基本的態度の形成」（石見町社会福祉協議会，次長伊達一樹）
2 月 7 日(金)	・「デイサービス見学」（係長小笠原代鶯子） ・「老人福祉の制度とサービス」（石見町役場健康福祉課，係長和田恵子） ・「サービス提供の基本視点」（国際医療福祉専門学校出雲校，教務部長田中量子）
2 月 8 日(土)	・「サービス利用者の理解」（石見町社会福祉協議会，地域福祉活動コーディネーター竹崎フミ子） ・「家事援助の方法」（石見町社会福祉協議会，ヘルパー天川久恵・栄養士寺本恵子）
2 月 21 日(金)	・「在宅介護支援センターの現状」（石見町役場健康福祉課，係長和田恵子） ・「障害者・児福祉の制度とサービス」（石見町役場健康福祉課，白須寿） ・「ホームヘルプサービス提供現場訪問」（石見町社会福祉協議会）
2 月 22 日(土)	・「介護概論」（広島市長寿社会文化協会，理事長茶山ちえ子） ・「医療の基礎知識」（中野大隈医院，院長大隈泰）
3 月 11 日(火)	・「訪問看護の実際」（訪問看護ステーション，看護師前田良恵） ・「介護技術入門」（山陽看護専門学校，講師大屋八重子）×2 コマ
3 月 12 日(水)	・「介護技術入門」（山陽看護専門学校，講師大屋八重子）×1.5 コマ ・「ホームヘルプサービス提供現場訪問」（石見町社会福祉協議会） （修了式）

1)　講座は毎年農閑期の 1 月～3 月の 8 日間に実施.
2)　働いている人のため土曜日講座をできるだけ取り入れる，但し日曜日は家事が忙しいので除いている.
3)　1 日の時間は 9:00～17:00.
出所：2003 年 1～3 月，社協広報紙から.

②第一期（土台形成期）

一九九二～九四年度の三年間は「いきいきいわみ」の土台を築いた時期であり、現在のリーダーはこの時期に助け合い活動ワーカー養成講座を修了した会員達である。この時期の修了生達は、他人のために役に立ちたいというボランティア意識も強く修了生のほぼ全員が「いきいきいわみ」に加入した。

一九九二年度の「いきいきいわみ」の全体の予算は九万五〇〇〇円と少なく、会員の持ち出しも結構多かったと聞く。この時期は予算が少額であるということと会員自身の経験が浅いということもあり活動は会全体で企画することが多かった。

初期の三年間は助け合い活動ワーカー養成講座にかかる費用は全額厚生省（当時）が負担したためこの時点では受講料（テキスト代）は無料であった。

発足と同時に社会福祉協議会より登録ヘルパー制度への加入の依頼があり、都合のつく会員は登録し、在宅介護、機能回復訓練、入浴サービスの手伝い、安否確認の訪問活動等社協のヘルパー支援を実施してきた。

③第二期（地区単位活動展開期）

一九九五～九七年度の三年間は、第一期で形成された土台のもとに、活動の主体は会全体から五つの地区（旧村）へ移行し、各地区で思い思いの活動が展開された。また集落でのお茶飲み会をはじめ自治会単位での自発的な活動（ほのぼの丸子会など）が数多く生まれた時期でもある。日和地区のミニ福祉センター「勝地の里」もこの時期に誕生した。つまりこの時期は、「いきいきいわみ」という「大きな協同」のなかに各地域で会員の主体性や自発性にもとづく多様な「小さな協同」が誕生していった時期でもある。まさに「大きな協同の中に小さな協同をつくる」という考え方の典型例である。また各地区輪番制による広報紙（年四回発行）〝いきいきだより〟もこの時期にはじまり、農協職員を通じて全戸に配布された。この時期もワーカー養成講座の修了生達はほぼ全員「いきいきいわみ」に加入した。

ワーカー養成講座への国からの補助はこの時期からなくなったため、ＪＡ・社協・保健センターの三者から助成を受けた。五年目からは町が予算化したため、ＪＡ・社協・保健センターからの助成はなくなったが、町からの助成は引き続き今日まで続いている。第一期の三年間は受講料は無料であったが、第二期からテキスト代として受講生から四〇〇〇円徴収することとなった。

いきいきいわみへは毎年約三〇人の加入があり、第六期生修了時（一九九七年三月）には一八六人もの会員に発展してきた。男性も少しずつ受講しはじめ、第一期からこの六年間で八人が修了している。第二期の後半から町内でボランティア推進協議会が発足し、「いきいきいわみ」との連携が進みはじめた。

④第三期（地域社会との連携期）

表 2-2　養成講座修了者と「いきいきいわみ」への加入状況

（単位：人，％）

時期区分	期生（修了年度）	修了者数	加入者数	加入率	加入累計
土台形成期	1 期生（92 年 3 月）	28	28	100.0	28
	2 期生（93 年 3 月）	33	32	97.0	60
	3 期生（94 年 3 月）	41	40	98.0	100
地区単位活動展開期	4 期生（95 年 3 月）	30	29	96.7	129
	5 期生（96 年 3 月）	30	29	96.7	158
	6 期生（97 年 3 月）	29	28	96.6	186
地域社会との連携期	7 期生（98 年 3 月）	28	22	78.6	208
	8 期生（99 年 3 月）	23	18	78.3	226
	9 期生（00 年 3 月）	38	29	76.3	255
	10 期生（01 年 3 月）	32	24	75.0	279
	11 期生（02 年 3 月）	31	21	67.7	300
	12 期生（03 年 3 月）	33	21	63.6	321

出所：社協修了者のデータと「いきいきいわみ」の会員名簿をもとに筆者が作成，内 10 人は死亡他で退会．

一九九八～二〇〇三年度の六年間は地域社会との連携が一層進んだ時期である。この時期は他のボランティア組織との連携がさらに進み、横断的なネットワークが全開した。また「いきいきいわみ」は町や社協とも連携が一層進み、まさに「いきいきいわみ」を基軸とした全町的な取り組みがなされ、市民権を確実に得はじめた時期である。

しかし、一方養成講座の修了生の意識の変化が少しではあるが現れはじめた。それは養成講座の修了生の「いきいきいわみ」への加入率が明らかに下がりはじめたことである（表2-2）。これは二つの理由が考えられる。一つは若い世代は仕事のための資格取得と考え、さらには二級・一級のヘルパー資格の取得をめざす者が増えてきたことだ。二つ目は組織に縛られたくないという人達が増えてきたことにある。

またこの時期には受講生の変化が見られる。一〇代が〇人から四人に増加している一方、四〇代は四九人から半減の二五人になっている。また男性は八人から一五人と倍増している。総じていえることは若い人や男性が増えてはきているが依然として中心は五〇代、六〇代の女性達である。

以上、時期区分を整理したが、今後については新しい段階に向け、さらなる発展が期待されている。四〇〇〇円の受講料を払ってでも地域のことや介護のことなどを学習し、自分達の将来のことは勿論のこと、何かに役に立ちたいという人が地域のなかで確実に増え、人材という財産が着実に町内に蓄積されていっている。しかも他の市町村ではこの種の養成講座は二〜三年で中止するケースも多いと聞くが、石見町では募集開始後わずか一週間で予定人数が埋まるということは養成講座が住民のなかに確実に浸透しているということを実証している。町は財政が厳しいなか、養成講座に対し助成を続け、「いきいきいわみ」の会員達は確実に増え、町内住民の意識も変化してきた。また定年後の男性が増えていることは注目に値する。

4 「いきいきいわみ」の組織と運営・財政

(1) 組織

石見町は二〇〇三年四月末現在、五地区二一自治会八三集落（班）二〇五四戸六一四三人（福祉

施設の六カ所を含めると二四二四戸、六五一四人)、高齢化率三三・一%という人口構造になっている(表2-3)。「いきいきいわみ」の会員数は二〇〇三年七月現在三一一人である。年会費は一五〇〇円であり、加入条件は石見町助け合い活動ワーカー養成講座の修了者に限っている。

地区別の会員の状況は表2-3の通りであるが、高齢者六~七人に対して一人の会員が存在していることになる。

(2) 運営・財政

「いきいきいわみ」は、会員一人ひとりが住んでいる近くで、主体的・自発的に活動ができるようにするため、会則は表2-4のとおり、必要最小限に止めており、拘束性をゆるやかにしている。総会は年一回三月に開催され、会の一年間の活動のまとめと次年度の方針が決定されるが、大きな枠組みだけが確認されるだけである。役員会(各地区から二名ずつ選出、会長含め一一名)は年二~三回必要に応じて開催される。

地区の活動方針は会の総会終了後地区毎で決められる。また地区の決算は地区内では報告されるが、総会の場ではなされない。

会員一人当たりの年会費は一五〇〇円であるが、全体で毎年五〇万円前後あり、財政収入の約七五%を占めている(表2-5)。他に、農協から一〇万円、社協から五万円合計一五万円の助成がある。一旦徴収した会費は会全体としての活動よりも各地区での活動を重視しているため、総会費や

表 2-3　人口構造と「いきいきわみ」の会員状況（2003 年現在）

（単位：戸，人，%）

地区	戸数	人口	高齢者数	高齢化率	独居老人	会員
井原	299	924	331	35.8	39	57
中野	530	1509	484	32.1	41	79
矢上	799	2408	715	29.7	66	103
日和	178	572	207	36.2	18	42
日貫	248	730	298	40.8	36	30
合計	2054	6143	2035	33.1	200	311

出所：石見町勢要覧，「いきいきわみ」第 12 回通常総会資料をもとに筆者が作成．

表 2-4　「いきいきわみ」会則（抜粋）

（名称及び所在地）

第 1 条　本会は「いきいきわみ」といい，事務局を島根おおち農業協同組合石見支所に置く．

（会員）

第 2 条　本会は石見町助け合い活動ワーカー養成講座の修了者及び本会の趣旨に賛同する者をもって組織する．

（目的）

第 3 条　本会は高齢者社会にむけての助け合い活動の地域ネットワーク作りを進めると共に，併せて会員の研修と相互の親睦を図ることを目的とする．

（活動）

第 4 条　本会は前条の目的を達成するために次の活動を行う．

①　地域福祉活動の開発

②　地域福祉活動の支援

③　研修会の開催

④　その他

（役員）

第 5 条　本会に次の役員を置く．

会長　1 名，副会長　2 名，運営委員　6 名

監事　2 名　計 11 名

出所：「いきいきわみ」の通常総会議案書から．

表 2-5 「いきいきいわみ」2003 年度収支予算

(単位：円)

収入の部		支出の部	
前期繰越金	231,657	総会費	80,000(参加粗品)
会費	495,000(1,500 円×330 人)	活動費	750,000(5 地区への助成他)
助成金	150,000(農協，社協)	事務費	10,000
雑収入	6,250	役員手当	25,000
		予備費	17,907
合計	882,907	合計	882,907

出所：「いきいきいわみ」第 12 回通常総会資料から．

ボランティア保険料以外は表2-5のように各地区へ活動費として戻される（一律八〇〇〇円＋七〇〇円×会員数）。設立初年度の予算額は九万五〇〇〇円だったのが二〇〇三年度は八八万二九〇七円と九倍になっている。

5 「いきいきいわみ」の活動と特徴

(1) 町及び地区（旧村）単位での活動

会全体の活動は家事援助（掃除、草取り、蜂の巣退治他）・安否確認・敬老会への参加・介護に関わる学習会などが中心であるが、発足当時から「さつき会」との交流を続けてきた。「さつき会」は独居老人を対象に、一九七五年に会員同士の交流や奉仕活動を目的につくられたが、現在では町内のほとんどの独居老人が会員となっている。また「さつき会」との主な交流は、健康公園の草取り・配食サービスのお便り書き・声かけ訪問などである。

活動の中心は現在各地区に移行しそれぞれで創意工夫されている（図2-1）。主な活動は独居老人や障害者との交流・手づくり

出所：各地区（旧村）の活動をもとに筆者が作成.

図 2-1　各地区（旧村）の活動

料理のプレゼント・学習会・「さつき会」との交流・配食サービスのお便り書き・広報紙作成・地域の行事への参加など多彩である。

広報は一九九六年度より年四回発行され農協職員を通じて全戸に配布されている。編集は五地区持ち回りで担当している。

(2) 集落に根ざした自発的な活動の展開

「いきいきいわみ」はもともと石見町一円を活動範囲としているが、日常生活における高齢者の見守りや生活支援は会全体で取り組むというよりは、むしろ会員が住んでいる近くで高齢者の実情に合った対応の方がより現実的であると考えている。そして、会は会員自身の自発性や主体性を大切にし、会員が地域での活動を無理なく楽しく展開できるように励まし応援している。まさに、大きな協同（会全体）のなかに小さな協同（会員の地域での活動）をたくさんつくっているのである。

地区での活動の他、会員は日常的には自分達が住んでいる集落や自治会を単位とし、自発的に独居老人や高齢者などを見守り（洗濯物、郵便物の状況など）、会員がいない集落にも目配りをしてアンテナを張っている。また一人でできることは自分一人でやってみる、一人でできないことは二人でやってみる、それでもできない時は集落全体、さらには自治会単位でということが会員の共通の認識となっている。そして、会員は「できるヒトが、できるコトを、できるトキにやる」を合言葉にしているように、すべてのことに無理なく柔軟に対応するようにしている。また会員は強い義務感というよりも自分達も一緒に楽しんでいるというのが実態であるが、実はそのことが高齢者にとって気兼ねなく何でも相談ができ、本音でおしゃべりを楽しめるという信頼関係をつくりだしており、人と人とのつながりを一層強くしているといえる。

以下「いきいきいわみ」の会員自身の主体的・自発的な活動を集落、自治会、地区の三つに分類し、そのなかでモデル的な活動の事例をそれぞれ紹介する。一つ目は高齢化率五一・八％の集落における事例である（お茶飲み会）。二つ目は他地区に比べ地理的条件が悪く、高齢化が進み「いきいきいわみ」の会員が少なく、集落単位では高齢者への対応が十分にできないため自治会単位で活動している事例（ほのぼの丸子会）、三つ目は石見町の平均的な地区での事例である（ミニ福祉センター「勝地の里」）。

①お茶飲み会

中野地区（四自治会、一七集落）は人口一五〇九人高齢化率三二・一％である（表2-3）。そのなかで、中野北区自治会は四集落からなり、人口は二九一人（内高齢者人口一二一人）高齢化率四一・六％と中野地区のなかでは高い高齢化率である。四つの集落のなかでもひときわ高齢化率の高い〝町集落〟（人口八三人、高齢者四三人、高齢化率五一・八％）に住む「いきいきいわみ」の会員たちは、集落の住民が集い、「お茶飲み会（ふれあいサロン）」を長い間続けている。町集落は現在二八世帯であり、「いきいきいわみ」の会員は一一人いる。一九九二年より六年間「お茶飲み会」（食事会、おしゃべりなど）を続けてきた。

まずこの集落は世帯の過半数が「いきいきいわみ」の会員だが、年をとったら助け合うことが一番ということで自発的に加入している。しかし、日常的には「いきいきいわみ」の会員という意識はほとんどない。月一回のペースでおしゃべりを中心に団欒し、時には石見町を紹介したビデオを見たり、昔なつかしい「ふれあい農園」の映像を見る。映像のなかに知った人が出てくればさらにおしゃべりははずみその場がもりあがる。そのつながりが集落のなかで根をはり、助け合いが一層強くなってきている。「いきいきいわみ」の発足当初は会員が少なく、財政が厳しかったので各人がコメを持ち寄り角寿司（石見町の伝統食）をつくり独居老人に配っていたそうだ。しかし、今では会員も増え財政も豊かになりその範囲でやりくりしている。「将来、月一回風呂に入りおしゃべりをしまくる〝場〟をつくりたい」という声もあがってきている。

この他に、同じ中野地区の中央自治会に幸米集落（人口一一三人、高齢者四三人高齢化率三八・一％）があるが、いきいきいわみの会員（七人）と婦人会と合同で〝幸和会〟を発足させ、年三〜四回食事会やゲームを楽しんでいる。〝部落まるごと楽しもう！〟が合言葉である。

「いきいきいわみ」の会員は全体としてなごやかに、楽しく遊んでいるが、その遊びの一つが中野地区全体でおこなっている〝銭だいこ〟である。通常会員が一二〜一三人集まり練習するが、半分練習半分お茶という感じである。交互にやりたい人がやるわけだが、この〝銭だいこ〟の練習は会員同士の信頼関係を一層強めているようである。

ここで紹介したのはほんの一例にしか過ぎず、他の集落でも似たような集まりがたくさんある。つまりいきいきいわみの会員達はあちこちで集いしゃべりまくっているのである。

②ほのぼの丸子会

日貫地区は平野が少なく不整形な棚田地区であり、袋小路の道路が多く移動手段も少ない。また日貫地区は五自治会、一七集落で構成されており、人口七三〇人（内独居老人三二人）、人口減少率や高齢化率が石見町内で一番高い（四〇・八％）。そのなかで、吉原丸子自治会は地区内で南東部に位置し四つの集落（吉原、簾、鉄穴原、鳴滝）で構成され、人口一九〇人（内高齢者七九人）、高齢化率四一・六％である。独居老人は五人いる。吉原丸子自治会は小地域福祉ネットワーク活動（見守り活動を中心とした生活支援のネットワーク）の指定地域でもある。

「ほのぼの丸子会」は日貫地区吉原丸子自治会に住む「いきいきいわみ」の八人の会員（五〇代、六〇代）が中心となり一九九七年六月発足した。当時八〇歳以上の高齢者の生活支援に対しては、社協が対応していたが、七五歳以上については不十分だった。そのため社協より丸子自治会に対し小地域ネットワークミニデイサービスとして発足しないかと相談があり、同自治会に住む「いきいきいわみ」の八人の会員が協議し、全員一致で賛同し、「ほのぼの丸子会」をスタートさせた。登録者は一三人からスタートし、現在は二〇人が登録しているが、少々若く（六〇歳代）でも、希望者は誰でも受け入れる。

活動は月一回のペースで行っているが（表2-6）、活動は単に食べておしゃべりだけではなく造花など複数で協同してつくり上げる作業も意識的にもり込まれている。また学ぶことも大切に考えているが、会全体で決めるというよりもやりたい人が自分達で計画するというスタイルをとっている。この方法が長続きするということである。集いへの参加費は一回一〇〇〇円（昼食代六〇〇～七〇〇円、他は茶菓子代）である。送り迎えは「いきいきいわみ」の会員七人が担当しているが、登録者は「今日は何を着て、おしゃれしようか」と悩むそうである。このことは結果としてであるが、若返りの秘訣となっているのである。次にそれぞれの声を拾ってみたので紹介する。

登録者の声は、「いきいきいわみの会員にお世話になっているという意識は全くない、むしろあそこに住んでいるあの人と楽しんでいるという認識」「登録者同士は嫁にきた時からの知り合い、こうして再び会えるようになってとても嬉しい」「この日が待ちどおしい。最近は訪問販売が多く困っているが、この会で色々助けてもらっている」と様々である。
次に、「いきいきいわみ」の会員の声は、「三級ヘルパーの資格をせっかくとったのでボランティアをしたかった。この会で自分はいきいきいわみの会員であるという意識をすることはほとんどない」「日常生活の延長として気負わず付き合っている、だから会員の誰かが休んだとしても、心配こそすれせめることはない」「『できるヒトが・できるコトを・できるトキ』にやればいい、というのが全員の本音だ。お世話しているというよりも自分達がしっかり楽しんでいる」「明日はわが身、今できることをやる、喜ばれるのが生き甲斐だ」。以上が「いきいきいわみ」の会員達の声であるが、何らかの理由で会員が休んだ場合、終わったら必ず一人ひとりにきちんと報告しているそうだ。

表 2-6　2001 年度「ほのぼの丸子会」の活動

月　日	活動内容
2001. 4.8	花まつり，宝光寺へ供養
5.16	ペタンク教室，地区愛好者講師
6.17	自治会活動へ参加，泥落とし＆馬頭供養
7.18	さつき会と交流会（交通安全マスコットつくり）
8.22	手芸教室（ほりきり引きだし仕上げ）
9.15	敬老会，ほのぼのコーラス　一声
9.26	敬老温泉，いこいの村へ
11.21	中国のお話（季盟様，国際交流員）
12.6	陶芸教室（くるみ邑美園），忘年会（いこいの村）
2002. 2.3	自治会活動へ参加，婦人会手芸教室
3.14	役場健康福祉課（健康教室），公民館活動（映画会）

出所：ほのぼの丸子会の資料をもとに筆者が作成.

また「ほのぼの丸子会」は地域の自治会とも連携をはかっている。毎年六月の自治会主催の「泥落とし＆馬頭供養」には二〇〇一年度から「ほのぼの丸子会も」参加している。またその行事には青年団なども参加し（広島からわざわざ帰省する若者やその子ども達もいる）、屋外でにわか露天販売（焼きそば、ビールなど）が行われ大勢の老若男女が集うまさにミニ祭りである。農業の機械化が進み、共同作業が減り、顔を合わすことが少なくなった今日、自治会発足以来続けているこの六月の泥落としは今や地域ではなくてはならない楽しい行事の一つとなっている。

③ミニ福祉センター「勝地の里」

石見町の北西部、日和地区（三自治会、一〇集落）は人口五七二人（町内で一番少ない）高齢化率三六・二％（町内で二番目に高い）という小さな地区である。日和地区は、役場のある矢上地区などから距離的に離れているだけでなく、峠越えをしなければならず、かつては大変な道のりだった。しかし、一九九七年農道のトンネルとしては日本一長い日和トンネル（全長二四八五メートル）が完成し、アクセスがぐんと楽になった。日和地区には独居老人が二七人、高齢者夫婦の世帯が五世帯ある。石見町の福祉施設は、中心部で人口の多い中野地区や井原地区に集中し、日和地区と日貫地区には置かれていない。そのようななかで、同地区内に企業誘致でできた縫製工場が空家になっていたため、貸していただき、「いきいきわみ」の会員達が中心となり一九九五年三月にミニ福祉センター「勝地の里」をオープンさせた。

「勝地の里」は六五歳以上の独居老人と七五歳以上の高齢者を対象に日和地区全体に呼びかけをしているが、現在利用登録者は五二人で、通常三五人前後が参加する。原則月一回第三水曜日としているが、社協と重ならないように調整することもある（表2-7）。この間死ぬまで健康で元気に生きようと心がけてきたわけであるが、四年半の間に〝コロリ〟と亡くなった人が三人いる。また何よりも朗報は軽い痴呆の症状がでた登録会員の一人が元の元気さを取り戻したことだ。八〇代の女性であるが、子ども達が都会から戻ってくるまでは家事や洗濯など通常の日常生活をおくっていたが、子ども達から「危ないからこれはやっちゃいかん」と言われることが多くなり家で用事をすることがなくなったのである。この女性はその頃から痴呆がはじまったが、その後知り合いの紹介で「勝地の里」に来るようになった。「勝地の里」ではこの女性はおしゃべりをしまくった。それからしばらくたって痴呆がよくなったのである。今ではその女性は月一回「勝地の里」に来るのが楽しみだという。

これらのことは偶然に起きたことではないように思われる。実はこのような事例は他でも見られるが、石毛鍈子氏は次のように紹介している。(6)「かつては要職にあった方で伴侶を亡くされたあと痴呆の状態が出てきたが、デイサービスへの参加で元気になられた。また在宅で九〇代で天寿をまっとうされた方も四名い

表 2-7　ミニ福祉センター「勝地の里」2001 年度活動

月	行事名	内容
4	お花見会	中央自治会館庭での桜花会，昼食会
5	勉強会	町内福祉のお話（社協から）
6	交流会	日和保育所とのゲーム会
7	焼物教室	くるみ学園との交流会
8	お花教室	お盆の花（アレンジ）
9	敬老会	いこいの村しまねでの昼食会
10	お話会	ビデオ鑑賞他
11	ふれあい会	日和小学校学習発表会
12	忘年会	クリスマス会とともにサンタさんのプレゼント
1	新年会	七草がゆの昼食会
2	お話会	ビデオ鑑賞他
3	入浴会	霧の湯温泉での昼食会

出所：行事報告書をもとに筆者が作成.

る」（沖縄県読谷村）と。またこの読谷村ではデイサービス「生き活き健康センター」が二三の字（あざ）のうち一七カ所で開かれるまでになったわけであるが、その結果老人医療費減少の効果が指摘されている（同村厚生課）。

「勝地の里」では痴呆にならないための様々な工夫がされている。例えば「勝地の里」での行事はボケ防止のため〝手〟や〝指〟を使うことを意識している。また会話のきっかけづくりのため、室内に昔の民具や家具、陶器などが所狭しと並べられている。それは、昔自分達が使っていたものがそこにあれば自然と話しがはずむからである。登録会員が元気に楽しくおしゃべりしていることが実はボランティアの楽しみでもある。八人の「いきいきいわみ」の会員は全員口をそろえて「これは私の楽しみの一つ。〝やめろ〟と言われても、やめられん」と言っている。痴呆老人にならないためにを目的につくられたこの「勝地の里」は今や登録会員と「いきいきいわみ」の会員達との〝おしゃべり〟を中心としたつながりの場となり、生き甲斐そのものになってきているのである。ボランティアといってもあと一〇年もすれば登録会員の立場になるのかもしれない。「いずれ行く道、おたがいさま」の精神なのかもしれない（会員の声）。また忙しい時は八名のスタッフ以外の「いきいきいわみ」の会員へ依頼するが気持ちよく手伝いに来てもえるそうである。

「いきいきいわみ」の会員の一人（男性）は、「今の世の中は一般的にしてあげる時は喜びだが、何かしてもらう時は気兼ねが生じる。しかし、老人はやがては若い人にしてもらう時がくる。その時、その人が少しでも負担がかからず、やりやすい手助けになるようヘルパー養成講座で勉強し、体の動かし方や介護の仕方を少しでも知っておれば、介護する人の立場で自分の体を自分の意志で動かすことにより介護する人が助かる。これは相手に対する〝優しさ〟でもある。人も助け、自分も助けてもらう。石見町住民全員がヘルパー養成講座を受講したらどんなに素晴らしいことか」と話していた。

「勝地の里」は以上の活動が評価され、二〇〇二年度、しまね長寿社会振興財団より「高齢者グループ表彰」を受賞した。

以上見てきたように「いきいきいわみ」の活動は様々な高齢者が参加できるように舞台は常に低くするよう心がけられている。会全体や地区での取り組みの他、会員自身の自発的な取り組みも各地で芽生えはじめている。このようにして「いきいきいわみ」は地域のなかでしっかり根づきはじめ、「何か困ったことがあったら〝いきいきいわみ〟に相談しようよ」という信頼関係も町内では生まれはじめている。

(3) 「いきいきいわみ」を基軸とした全町的地域福祉活動の推進

「いきいきいわみ」の活動は集落単位、自治会単位、地区単位の活動の他に、全町的な活動の下支えとしても展開するようになってきた。それは会員自身が自分の判断で、地域のなかで主体的・自発的に取り組んでいることが町の全体的なボランティア活動を推進しているという意味である。

その主要な活動である「ほのぼのネット石見」と「ボランティア活動推進協議会」の取り組みの概要について、以下簡単に触れておく。

①ほのぼのネット石見

ほのぼのネット石見は、住民自身が現在困っていることやこのような仕組みがあれば安心だということで、独り暮らしのお年寄りを見守る「見守り・安心」、買い物支援の「ひまわりサービス」、生活支援の有償ボランティア（時給五〇〇円）の「ほっとサービス」の三つで構成されている（図2-2）。ほのぼのネット石見が機能しているのは「いきいきいわみ」の会員が地域でアンテナを張り巡らせ下支えしているからといえる。

ほっとサービスは現在利用会員は約五〇人、協力員の登録者は一八～七〇歳代の一〇〇人余だが、その内三分の一は男性であり、「いきいきいわみ」が発足した当時は見向きもしなかった男性が参加しはじめたのである。

②ボランティア活動推進協議会

ボランティア活動推進協議会は、ボランティア活動が全町的な規模でしかも有機的に機能していくために発足したもので、地域部会と育成部会の二つの部会で構成されている（図2-3）。

地域部会は、地域での問題は住民自ら解決していくということで、「見守り・安心ネットワー

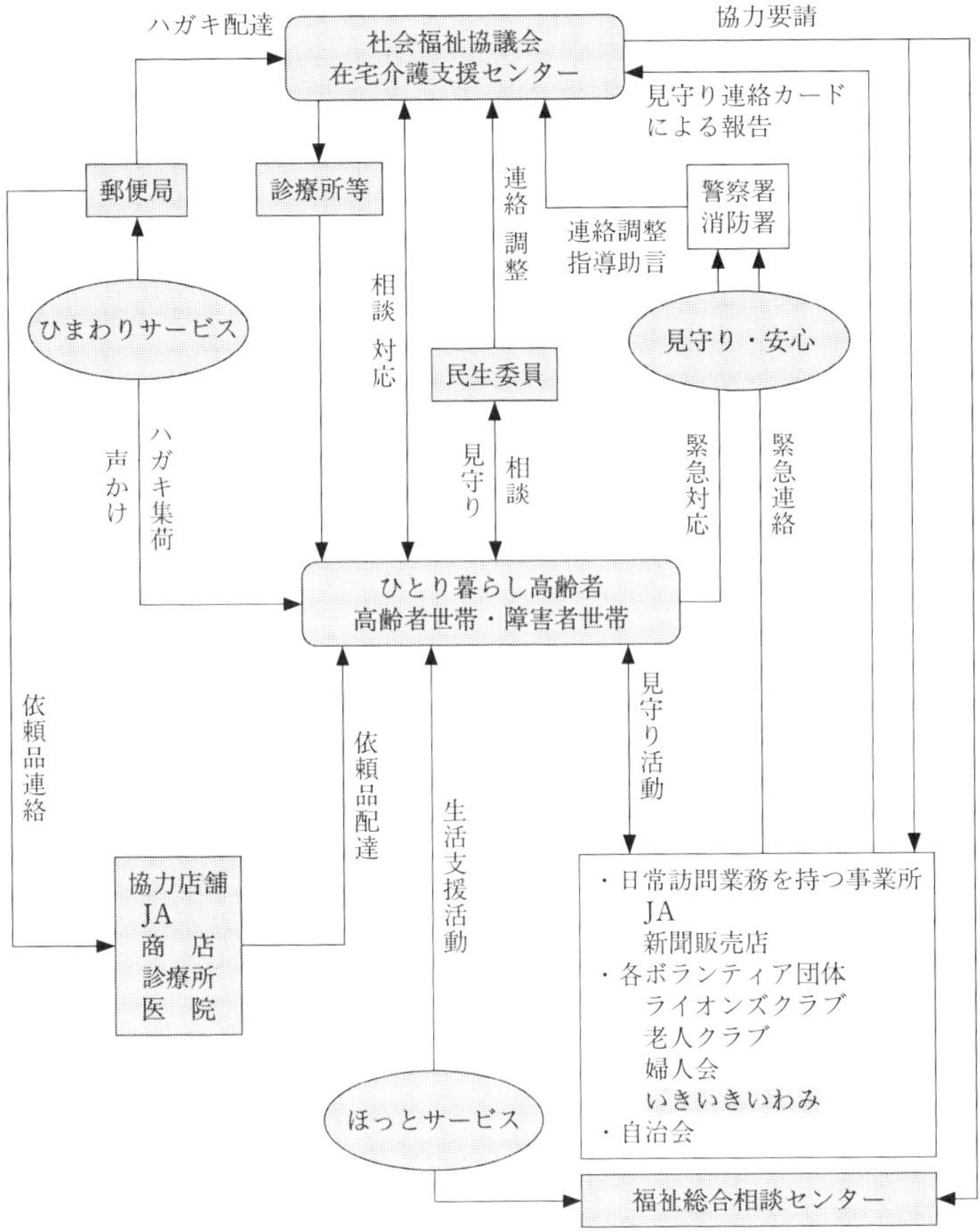

出所：「ほのぼのネット石見」の資料から．

図 2-2　「ほのぼのネット石見」組織図

ク」・「ひまわりサービスワーキングチーム」・「ほっとサービスワーキングチーム」が主要な活動となっているが、図2-3のように「いきいきいわみ」の会員達の下支えにより活発に機能していることがわかる。

育成部会は、地域の誰もが自分の生き方としてボランティア活動ができるようにしている。石見町では現在一人ひとりが自発的にボランティアができるようにと「ボランティア手帳」を交付している。それは、町民全員が〝おたがいさま〟の心をもち地域における様々な問題を解決していくことを目的に一九九八年に考えられた仕組みである。これは小学校一年生から死ぬまでもらえる手帳で、その手帳にはすべてボランティア保険がかけられている。高校生以上は半額町が負担する。小・中・養護学校については全額町が負担している。子ども達は様々なボランティアを行う。例えば、子どもたちは夏休みに町内の福祉施設でのボランティア、集落の高齢者宅を訪れ窓拭き、草取りなどの手伝いを行う。

そのような活動を通して子ども達は地域のことを体で理解できるようになるし、また高齢者と仲良くなれる。集落でのお手伝いにはご褒美がある。それは高齢者に幾つか質問をしていいようになっていることである。それに対し、お年よりは必ず応えなければならない義務がある。そのような活動を通じて子ども達は高齢者と交流し、地域の歴史や文化などを学び、あるいはお手伝いをすることによって地域での自分の役割や出番をしっかり感じとり、他人に対して優しくなり、石見町をますます好きになり、誇りを持つように育っていくのであろう。

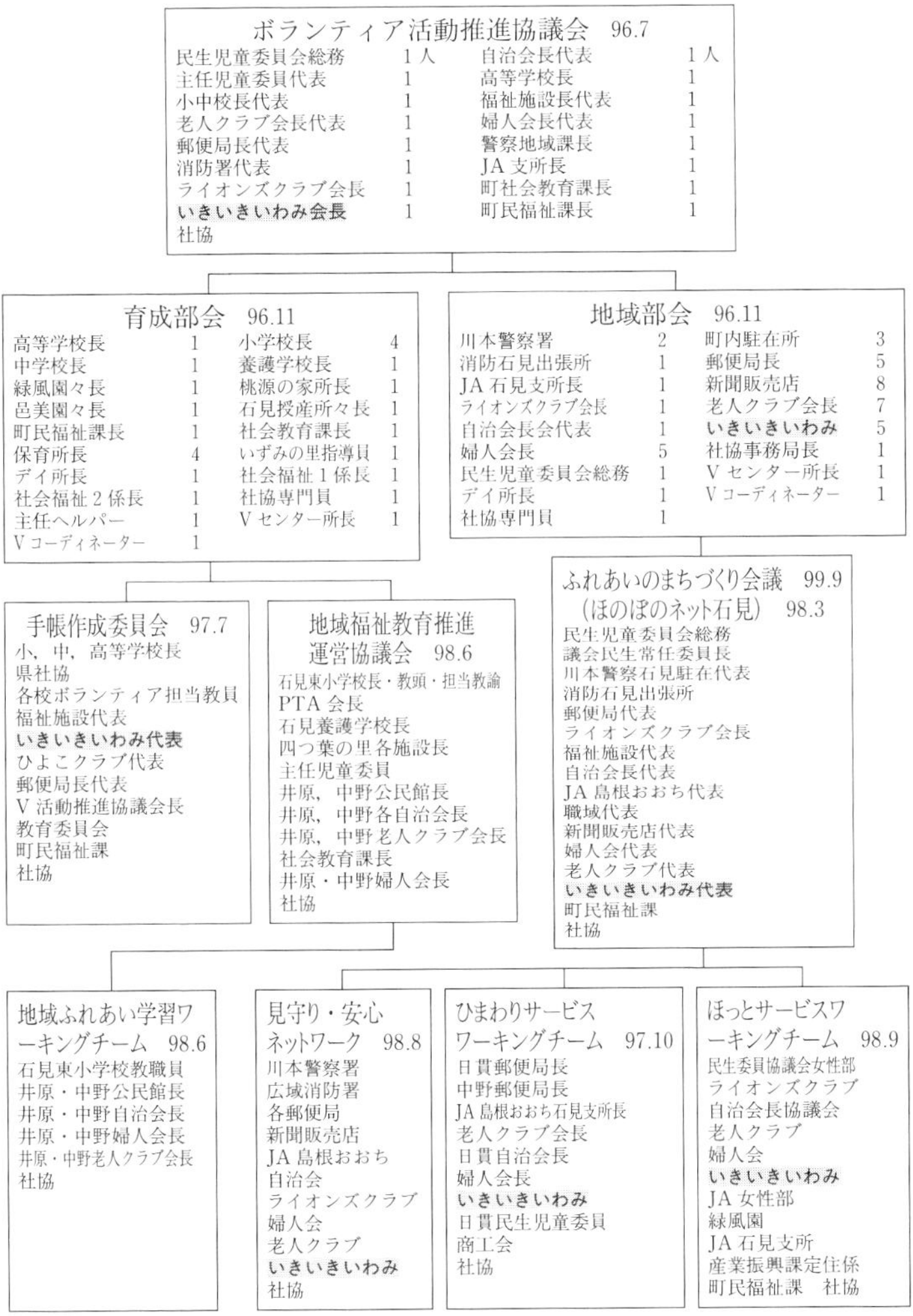
ボランティア活動推進協議会　96.7
民生児童委員会総務　1人
主任児童委員代表　1
小中校長代表　1
老人クラブ会長代表　1
郵便局長代表　1
消防署代表　1
ライオンズクラブ会長　1
いきいきいわみ会長　1
社協
自治会長代表　1人
高等学校長　1
福祉施設長代表　1
婦人会長代表　1
警察地域課長　1
JA 支所長　1
町社会教育課長　1
町民福祉課長　1
育成部会　96.11
高等学校長　1
中学校長　1
緑風園々長　1
邑美園々長　1
町民福祉課長　1
保育所長　4
デイ所長　1
社会福祉 2 係長　1
主任ヘルパー　1
V コーディネーター　1
小学校長　4
養護学校長　1
桃源の家所長　1
石見授産所々長　1
社会教育課長　1
いずみの里指導員　1
社会福祉 1 係長　1
社協専門員　1
V センター所長　1
地域部会　96.11
川本警察署　2
消防石見出張所　1
JA 石見支所長　1
ライオンズクラブ会長　1
自治会長会代表　1
婦人会長　5
民生児童委員会総務　1
デイ所長　1
社協専門員　1
町内駐在所　3
郵便局長　5
新聞販売店　8
老人クラブ会長　7
いきいきいわみ　5
社協事務局長　1
V センター所長　1
V コーディネーター　1
手帳作成委員会　97.7
小，中，高等学校長
県社協
各校ボランティア担当教員
福祉施設代表
いきいきいわみ代表
ひよこクラブ代表
郵便局長代表
V 活動推進協議会長
教育委員会
町民福祉課
社協
地域福祉教育推進
運営協議会　98.6
石見東小学校長・教頭・担当教諭
PTA 会長
石見養護学校長
四つ葉の里各施設長
主任児童委員
井原，中野公民館長
井原，中野各自治会長
井原，中野老人クラブ会長
社会教育課長
井原・中野婦人会長
社協
ふれあいのまちづくり会議　99.9
(ほのぼのネット石見)　98.3
民生児童委員会総務
議会民生常任委員長
川本警察石見駐在代表
消防石見出張所
郵便局代表
ライオンズクラブ会長
福祉施設代表
自治会長代表
JA 島根おおち代表
職域代表
新聞販売店代表
婦人会代表
老人クラブ代表
いきいきいわみ代表
町民福祉課
社協
地域ふれあい学習ワ
ーキングチーム　98.6
石見東小学校教職員
井原・中野公民館長
井原・中野自治会長
井原・中野婦人会長
井原・中野老人クラブ会長
社協
見守り・安心
ネットワーク　98.8
川本警察署
広域消防署
各郵便局
新聞販売店
JA 島根おおち
自治会
ライオンズクラブ
婦人会
老人クラブ
いきいきいわみ
社協
ひまわりサービス
ワーキングチーム　97.10
日貫郵便局長
中野郵便局長
JA 島根おおち石見支所長
老人クラブ会長
日貫自治会長
婦人会長
いきいきいわみ
日貫民生児童委員
商工会
社協
ほっとサービスワ
ーキングチーム　98.9
民生委員協議会女性部
ライオンズクラブ
自治会長協議会
老人クラブ
婦人会
いきいきいわみ
JA 女性部
緑風園
JA 石見支所
産業振興課定住係
町民福祉課　社協

出所：石見町社会福祉協議会.

図 2-3　ボランティア活動センター関係委員会・ワーキングチーム

以上のように「いきいきいわみ」から発せられたこれらのすべての活動は、地域における新しい自発的な活動を生み出し、地域社会とそこに住む住民が協同によって支えられる関係を創り出していく機会をいくつも用意するものである。そこには人々が相互に信頼し合う強い関係が生まれ育っていく展望が見えてくる。まさに「危機意識」が「協同意識」に変わりつつあるのではないだろうか。

③「いきいきいわみ」と公的ヘルパー制度との連携

石見町は、二〇〇二年度から町内に住んでいる「いきいきいわみ」の会員六人に委嘱し、「いきいきヘルパー」をスタートさせた。いきいきヘルパーの目的は、独り暮らしの高齢者の安否確認や健康・生活管理に関する相談を行い、要介護予備軍や新規の要介護者の早期発見をすることにある。対象者はおおむね六五歳以上の独り暮らしの方か、高齢者のみの世帯で介護保険のヘルパー訪問を受けていない方となっている。一人のヘルパーが担当する人数は三〇人前後であり、月一回訪問するが、その後所定の用紙に訪問記録を記入し、月一回開催される会議（町、社協、駐在所など出席）で報告し、状況の共有化を計る。ちなみに「いきいきヘルパー」の時給は五〇〇円である。

しかし、「いきいきヘルパー」の取り組みは、地域住民からは高い評価を得ていたが（表2-8）、財政上の問題なども背景にあり、行政と連携した制度は二〇〇六年度から廃止された。その後は、地域での自発的な取り組みとして、配食サービスを兼ねた声かけ活動が展開されている。

表2-8　ヘルパーの声（抜粋）

・最初の頃はカギがしめてあるところが多く（訪問販売をさけるため，健康食品で37万円の請求をされ困っている人もいた），話しづらかったが慣れるにしたがってよく話ができるようになった．今では私たちを待っておられる．
・80代，90代でも元気で，しかも素手で農業をやっている方が多く，こちらが励まされる．
・おしゃべりが中心だが色んな生活の知恵や料理の話しを聞き勉強になる．元気をもらうことも多い．
・さつき会で楽しかったこと，配食弁当への要望，子ども達のこと，健康のことなどおしゃべりは多岐にわたる．
・対象者は9割女性，1割男性だが，今後は男性が心配だ．女性は気軽にお茶飲んだりおしゃべりができるが，男性は苦手だから．
・独居老人の生の声（小さな声）は代弁し役場に伝える．
・この活動は今後も続けたほうがいい．

出所：筆者のヒアリングから．

(4)「いきいきいわみ」の特徴

「いきいきいわみ」の特徴は次の五点にまとめられる。

まず第一に会員資格の面から見ると、会への入会資格は地域住民である助け合い活動ワーカー養成講座の修了生（三級ヘルパー）に限っている。養成講座の内容は、石見町の福祉の実態や介護についての専門的な知識や技能の習得、共感的理解と基本的態度の形成についての座学などである。そして養成講座は、単なる養成ではなく、地域づくりのための人づくり養成学校としての役割を持っている。すなわち会員のほとんどは受講する前と後では自分が随分変化したと述べているからである（筆者によるヒアリング）。その一番目は、介護の実体験や「共感的理解と基本的態度」（座学）などにより、自分が他人へ優しくなっていると感じている。二番目は、施設の現場訪問や在宅介護の支援センターの現状把握などにより、地域の暮らしや福祉の実態が良く理解できるようになった。三番目は、ホームヘルプや介護・医療などの専門的な知識と技能を身につけた。以上の三つが養成講座の受講前と後の変化である。また加入後も地域住民と共に介護予防、安心生活講座、防犯など様々な学習活動が積極的に実施されている。

第二に属性については、もともと「いきいきいわみ」は長男の嫁世代が協同して発足させたものであり、近年若い女性や男性も増加傾向にはあるが、今なお会員の中心は中高年の女性達である。

第三に活動については、会全体が何かを取り組むということは少なく、会員自身が自分達が住んでいる集落や地区のなかで主体的・自発的にアンテナを張り巡らし、協同をベースに高齢者の見守りや生活支援を行い、他のボランティア団体とも有機的につながり下支えしている。

そして会全体は会員自身による地域での主体的・自発的な活動に対して常に励まし応援しているのである。すなわち、大きな協同のなかに小さな協同をたくさんつくり、大きな協同が小さな協同を励まし応援しているということである。

第四には公益性についてであるが、「いきいきいわみ」の活動の中心は地域に住んでいる高齢者の見守りや生活支援であるが、様々なボランティア団体とも連携が進み公益性が大変高い。

第五に組織については、会則は必要最小限にとどめ、拘束性をゆるやかにしている。また「いきいきいわみ」は、「できるヒトが、できるコトを、できるトキにやる」を合言葉とし、誰もが楽しく参加できるようにと敷居は常に低くすることに努め、何事に対しても無理をせず柔軟に対応する

「柔能制剛」な組織といえる。(7)

6 「新しい協同組合」の形成

(1) 地域づくりと「いきいきいわみ」

石見町は一九七〇年代において、出稼ぎしなくてもよい町をめざし、「農工並進」を掲げ企業誘致や圃場整備・機械化などによる農業構造の転換をはかった。その結果、兼業農家が増加し、農家でありながら野菜を購入するという事態や、機械化により足手まといになった高齢者の農業からの排除が発生したのである。その反省から、一九七〇代後半からは野菜の自給運動の取り組みと「ふれあい農園」の開設へとつながっていった。一九八〇年代は、町をあげての有機農業への取り組みと生協ひろしまとの産直を展開していった時期である。そして一九九〇年代は、有機農業の取り組みと産直により農業の縮小を一定食い止めることができたが、他方高齢化が一気に進行し介護や高齢者への生活支援が現実の問題として表面化してきたのである。

以上のような地域づくりの変遷下で、長男の嫁世代を中心に発足した「いきいきいわみ」は、地域社会のなかで協同し、高齢者の見守りや生活支援などを目的とした公益性の高い協同組織を形成してきた。そして、さきの「ふれあい農園」ではじめて気づかされた「人間尊重の福祉のモノサシ」は、現在では「いきいきいわみ」の共通のモノサシとなっており、会員達のなかに生き続けている。具体的な活動は、お茶飲み会やミニデイサービスのように、地域に住む多様な人々が無理なく気軽に参加できるようにと敷居は常に低くしている。そして、伝統的共同体が衰退していくなかで、「いきいきいわみ」は行政や他のボランティア団体ともネットワーク的に連携し、まさに〝よってたかって〟地域づくりの担い手として立ち現れてきているのである。

(2) 「新しい協同組合」の形成

「いきいきいわみ」は、その活動や組織の性格から「新しい協同組合」の芽生えを感じさせる。それは中川雄一郎氏と田中夏子氏によるイタリアの社会的協同組合（新しい協同組合）についての整理と「いきいきいわみ」の活動が実によく類似しているからである。

中川雄一郎氏は協同組合に対し、「コミュニティの質」と「生活の質」の向上の実現にもっと努力をすることを求め、そのプロセスにおいて、様々な他者や相違を受け入れることのできる能力（受容的能力）と自らのコミュニティを持続させ発展させていこうとする能力（自発的能力）が重要なポイントであると提起している[8]。さらに中川氏はその提起に対し明確な回答を示しているのがイタリアの社会的協同組合だと明言し、「社会的協同組合はコミュニティの全般的利益を追求している点で『公益性』が高く、個人の人格的成長の促進（人間的発達）と人々を分け隔てなく社会の一員となること（市民の社会的結合）をめざしている点で『普遍的性質』をもっているところに特徴がある[9]」と整理している。

また田中夏子氏は社会的協同組合の特質すべき特徴として、幅広い活動領域と公益性、小規模な組織構成、マルチステークホルダー型組織、内発的かつ独自のネットワークを活かして、他の社会的諸主体（地域、行政、市場）と様々な関係を結んでいると整理している(10)。

一方「いきいきいわみ」の活動を整理して見ると、①「いきいきいわみ」の活動の中心は地域の高齢者の見守りや生活支援であり（高い公益性）、②運営で大切にしていることは、会則を必要最小限に抑え、会員一人ひとりの主体性や自発性と学習活動を重要視している（自発的能力、人格的成長）。③また「いきいきいわみ」は、お茶飲み会・ほのぼの丸子会・勝地の里などに見られるように、多様な人々が気軽に参加できるように工夫されており（普遍性）、④地域のなかで行政や他のボランティア団体とのネットワークの核として中心的役割を担っている（社会的諸主体とのネットワーク）。

以上、「いきいきいわみ」を事例に国内における「新しい協同組合」の形成とその特徴について検証してきたが、「いきいきいわみ」は、地域社会において協同の弱まりや高齢化が進行しているなかで、商品の販売や購買を目的に協同してきた農協や生協といった伝統的協同組合とは異なり、普遍的で公益性が高く、地域の諸団体とのネットワークが進んでいるなどの点から、「新しい協同組合」の特徴を持っているといえる。

注

(1) 現在の邑南町は、二〇〇四年一〇月一日、旧羽須美村・瑞穂町・石見町が合併し誕生したが、本章で取り上げた旧石見町の「いきいきいわみ」は、合併後も他の旧羽須美村や瑞穂町での活動はなく、旧石見町の範囲に限定されているため、石見町をそのまま表記した。

(2) 「いきいきいわみ」については次の先行研究を参考とした。鈴木文熹「住民発の福祉と有機農業が結合して網の目に」(『南信州地域問題研究所ニュース』No.77、二〇〇〇年)、田中秀樹「現代消費社会と新しい協同運動」(中川雄一郎編『生協は21世紀に生き残れるのか』大月書店、二〇〇〇年)。鵜殿崇徳『地域づくりの現段階と協同組織』広島大学修士論文、一九九九年。

(3) 当時農協の生活指導員であった寺本恵子氏は、農協の仕事として「ふれあい農園」のサポートをしていたが、「人間尊重のモノサシ」の重要性についてはじめて気づかされ、その後、寺本氏は地域のなかへその考え方を普及していった。

(4) 永田恵十郎編著『地域資源の国民的利用』農山漁村文化協会、一九八八年、三一六ページ。

(5) 鈴木文熹「競争社会とは異なるもうひとつの社会を求めて」(南信州地域問題研究所編『国づくりを展望した地域づくり』やどかり出版、二〇〇〇四年)。

(6) 石毛鍈子『福祉のまちを歩く』岩波書店、一九九七年。

(7) 佐藤慶幸『NPOと市民社会』有斐閣、二〇〇二年、一三四ページ。

(8) 中川雄一郎、「グローバリゼーションとコミュニティ協同組合」(農林中金総合研究所編『協同で再生する地域と暮らし』日本経済評論社、二〇〇二年、一九五ページ)。

(9) 中川雄一郎、前掲論文、一九七ページ。

(10) 田中夏子「イタリアの社会的経済と、市場及び自治体との相互作用について」(農林中金総合研究所編、前掲書、二四〇ページ)。

第三章　生協しまね「おたがいさまいずも」

1　はじめに

わが国において、伝統的協同組合、とりわけ購買生協は一九七〇年代から八〇年代にかけて共同購入事業を中心に飛躍的に発展し、いわゆる「日本型生協」を築き上げた。しかし、共同購入事業は一九八〇年後半から一人当たりの商品利用高に停滞現象が現れはじめ、九〇年代中葉からは、個配は伸びているものの、損益構造は低迷状態が続いている。店舗事業は、競争激化の下、総じて深刻な状況から脱却し切れていない。

これに対し、海外では新しい協同組合が出現し、生活支援・地域福祉・教育・雇用創出など「コミュニティの質」とそこに住む住民の「生活の質」を高める試みが展開され、伝統的協同組合が様々な困難に直面しているなか、着実に成長し続けている。

国内においては、近年協同の希薄化が進行するなかで、NPO法人やワーカーズをはじめ既存の組織にこだわらず多様な協同組織が形成され、仕事起こしや地域福祉など多彩な活動を通じて自立への模索がはじまっている。例えば、第二章で紹介した島根県の協同組織「いきいきいわみ」は、過疎・高齢化が進行し伝統的共同体が衰退していくなかで、中高年の女性達を中心に、地域の高齢者の見守りや生活支援という新たな協同運動を主体的・自発的に展開し、地域づくりの担い手として立ち現れてきている。

一方購買生協においても、近年新たな協同・協同組合運動が展開され、生活支援や協同そのものの取り組みが新しくはじまっている。その一つが生協しまねの「おたがいさまいずも」である。「おたがいさまいずも」は、地域での組合員同士の助けあい活動を事業化しているシステムであるが、二〇〇二年六月に生協しまね出雲支所（共同購入、対象組合員一万八〇〇八人）のエリアでスタートし、〇四年度実績は年間活動時間三九〇六・五時間（対象組合員一人当たりの活動時間は〇・三六時間）と活発に展開している。その後、「おたがいさま」は松江と雲南でもスタートし、現在では三カ所で独自に展開されている（二〇〇五年度末）。本章では、生協しまねのなかで、一番早くスタートした「おたがいさまいずも」を中心に検証する。

「おたがいさまいずも」の応援の内容は、生活・福祉領域や地域でのくらしに関わるすべての困りごとに対応しており、極めて普遍的であり公益性の高い活動といえる。また「おたがいさまいずも」は、その組織の性格から、「新しい協同組合」の萌芽を感じさせる。運営スタッフや応援者はその活動を通じて自立性やコミュニケーション能力・問題解決能力などが培われつつある。そして、「おたがいさま」活動のなかで育ちつつある新たな協同のエネルギーは生協しまねの組織運営や事業運営に対し徐々に影響を与え、生協しまねのなかで新しく変化がはじまっている。このことは、購買協同のなかに生活・福祉領域や地域づくりに関する領域における福祉協同を内包するという、新たな方向性をもつ購買生協へ転換しつつあることを意味する。

このように、生協しまねと「おたがいさまいずも」の関連は、購買生協が購買生協を母体に誕生した「新しい協同組合」を内包し、双方が影響し合い進展しているという構図といえる。

なお、今回「おたがいさまいずも」の登録応援者と利用者に対して、その属性や傾向などについてのアンケートを実施した（二〇〇五年三月）。配布枚数は登録応援者一七五枚・回収一〇〇枚（回収率五七・一％）、利用者八九枚・回収七一枚（回収率七九・八％）であった。

本章は、生協しまねにおける「新しい協同組合」の萌芽を思わせる「おたがいさまいずも」の活動を整理し、その関連や意義について考察する。

2　生協しまねの概況

(1)　事業概要の推移[1]

生協しまねは一九八四年に設立され、共同購入事業のみの購買生協である。二〇〇四年度実績は組合員五万六三一八人（前年比一〇一・七%、世帯加入率二一・一%、全国平均三一・七%）、供給高八一億八千二百万円（前年比九六・九%）、出資金一八億六千四百万円（前年比一〇四・二%）、経常剰余金一億五千六百万円（前年比一二八・四%、経常剰余率一・九%、全国平均一・二%）、個配は二〇〇二年度からスタートし、〇四年度実績で個配供給高は二億九千万円（個配比率三・五%、全国平均四〇・六%）である。供給高は一九九八年度をピークにその後低迷し、経営環境は厳しい状況が続いている（図3-1）。

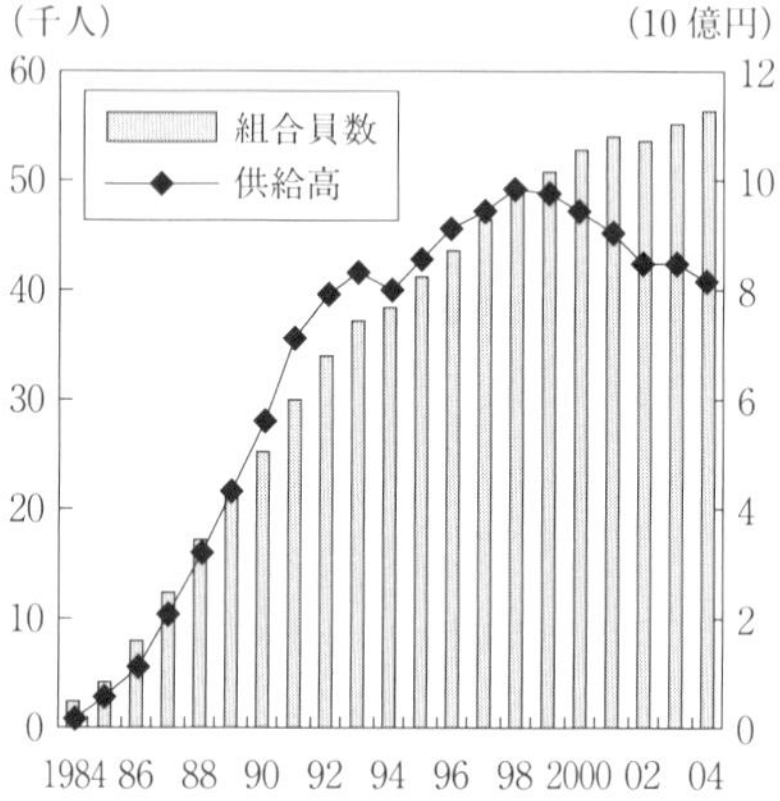

出所：生協しまねの総代会資料をもとに筆者が作成.

図3-1　生協しまねの事業概要の推移

(2)　組合員組織の推移

組合員組織においては、一九九〇年代中葉から、「生協のための役割や活動」の運営委員会（中間組織）から、「おしゃべりを真ん中にした楽しいつながりづくり」の地域委員会へ移行した。また「ねばならない」という使命感や「一部の人の活動」になりがちだった専門委員会をやめ、テーマ活動及びサークル活動へ移行させながら、組合員組織は、もっと組合員一人ひとりのくらしに寄り添い、そこから組み立てていくことが重要だという考え方へ徐々に転換していった。

職員組織は、組合員と直接関係する部署において、一人ひとりの組合員のくらしや願いをつかみ応援していく部署として位置づけ、二〇〇一年度には部署名を「組合員活動推進室」から「くらしづくり推進室」（その後「くらしづくり企画室」）へと変更し、部署機能も組合員への一元的な対応ができるように強化されていった。

生協しまねはこのような組合員組織と職員組織の転換と並行して、組織の方向性とその共有化を図るためビジョンづくりに取り組んだ。ビジョンは組合員アンケートをもとに議論を積み重ね二〇〇二年度に策定された。要約すると、「組合員一人ひとりの想いを協同の力で実現することと地域のなかで人と人とのつながりを大切にし豊かなくらしを創る」と整理できる。

3　「おたがいさまいずも」の形成と現状

(1)　背景

一九八〇～九〇年代に、生協運動のテーマはかつての「物価・安全」に加え「福祉・環境」を取り込んできた。このような状況下で、「くらしの助けあいの会」など相互扶助・福祉活動が全国の生協で展開された。家事援助を中心的な目的とした「くらしの助け合いの会」は、一九八三年にコープこうべではじまり、今日では全国的に展開されている（二〇〇五年度末、七三生協）。それは、地域のなかで協同が弱まり、孤立化が進行し、それまでは家族や隣近所の助け合いのなかで解決してきたちょっとした困りごとや「くつろぎ、ゆとり」のなさが「新たな生きにくさ」を生じさせてきたことに起因する。つまり、生協の組合員のなかで、互助組織的な仕組みが求められてきたということである。

生協しまねは、全国に比べ後発ではあるが、組合員のなかからちょっとした困りごとへの応援の要望が出はじめ、理事会はその対応をせまられた。

(2) 形成過程

生協しまねの理事会は、一九九五年、福祉の基本的な考え方を、「組合員の自主的・自発的な活動や、様々な単位・形態での福祉活動への参加をとおして地域の協同の再生を実践していくこと」と確認した。

その後、一九九九年九月に理事会のもと「福祉の小委員会」が立ち上がり、近隣の福祉関係機関やちばコープの「おたがいさま」など他生協の福祉の取り組みに学んだ。基本的な考え方は、全国で展開されている「くらしの助け合いの会」ではなく、ちばコープの「おたがいさま」を土台に整理した。ちばコープの「おたがいさま」は、入会金や会費制はなく、応援の内容は生活・福祉領域に限定することなく組合員のすべての困りごとへ対応し、独立採算をめざし事業化している。全国の「くらしの助け合いの会」の多くは、年会費制をとり、応援の中身も一定制限を設けたりしている。またその位置づけは事業というよりも組合員活動として捉えられているので、生協本体から組合員活動費としての経費負担も相当ある。

以上のように、全国の「くらしの助け合いの会」とちばコープの「おたがいさま」には顕著な相違点が見られるが、その段階での生協しまねの描いた像は、全国の「くらしの助け合いの会」ではなく、ちばコープの「おたがいさま」に近かった。

スタートするにあたっては、生協しまね全体で一斉に開始するには力量不足ということと、顔の見える範囲での小さな単位でないと対応が無理であるという判断から、できそうな支所のエリアから順次発足することとした。準備会やスタート後の運営についての統一的なマニュアルはなく、それぞれが独自で展開するようにした。

そして、組合員活動でおしゃべりやみんなで話し合うことを大切に考え、くらしの思いを出し合う交流の〝場〟が比較的多かった出雲支所のエリアが二〇〇一年五月に「準備会」を立ち上げ、一年の準備期間を経て〇二年六月にスタートした。準備会では、「おたがいさま」の意味を、「助け合い」「福祉」の観点だけではなく、「組合員同士の豊かなつながり」「くらしづくり」「支えあう地域づくり」と整理した。

(3) 活動の現状

①組織・活動

「おたがいさまいずも」の目的と基本姿勢は次のとおりである。目的は「安心して子育てができ、年をとっても安心して暮らせる、住んでいて楽しくなる地域づくり」である。基本姿勢は「①目の前の事例をみんなで共有する。②困った時には運営委員会みんなで考え、〝とりあえず〟やってみる。③利用者も応援者もおたがいに気持ち良く、元気になれる関係を大切につなぐ。④〝困難な応援〟は、関わった応援者とともに〝これからはこうしたらいいね！〟を考える」の四つである。

「おたがいさまいずも」への加入条件は、生協しまねの組合員であること以外入会金や会費などの制約は一切ない。組織は登録応援者・コーディネーター・ボランティアスタッフなどで構成されている。

応援者は登録制度をとっており、コーディネーターと面談し、自分にできる応援内容や応援できる曜日や時間を応援者登録カードに記入する（登録費用二〇〇円）。二〇〇五年三月末現在で、一〇歳代から七〇歳代までの女性一四七人（八四・〇%）、男性二八人（一六・〇%）、合計一七五人が登録している（二〇〇六年四月一現在二三四人）。男性二八人の内訳は生協の職員と定年後の高齢者が中心である。

アンケートによると、登録応援者の生協加入歴は一〇～二〇年が三八・三%、五～一〇年が三三・〇%と比較的長く、役員（班長、総代、地域委員など）の経験有りが四八・〇%を占めており、生協との関係が深い方が約半数弱存在する。

応援（利用）の仕組みは、困った組合員から事務局へ相談がある（対応時間午前一〇時～午後四時）⇒コーディネーターが適切な応援者を登録名簿から探す。内容によっては、コーディネーターは直接相談された方と面談する⇒登録応援者が出かけ応援する。それにともなう金銭の授受は、利用者は一時間当たり八〇〇円と応援者の交通費を払い、その内から応援者は一時間当たり六〇〇円と交通費をいただき、差し引き二〇〇円は事務局の運営費に充てられるという流れである。ここでのコーディネーターの果たす役割は大きく、様々な困りごとの相談に対し、相手に寄り添い共感することからすべてがはじまる。この繰り返しがコーディネーターのコミュニケーション能力を高めてきている。

二〇〇四年度の応援（利用）の内容については図3-2のとおりであるが、子どもに関する利用が比較的多く、約六割を占めている。ちなみに二〇〇五年度の活動時間は五六三〇・五時間（二〇〇五年度三九〇六・五時間、前年比一四四・一％）と大幅に伸長している。

以上のように、「おたがいさまいずも」は、応援の中身は福祉の領域に限定せず、くらしに関わるすべての困りごとへ対応している。すなわち、「おたがいさまいずも」の応援の基本的な考え方は、誰もが困った時に気軽に利用でき、安心して暮らせる「地域づくり」につなげていくことをめざしているのである。この「地域づくり」という考え方は、全国の「くらしの助け合いの会」にはあまり見られず、「おたがいさまいずも」の特徴といえる。

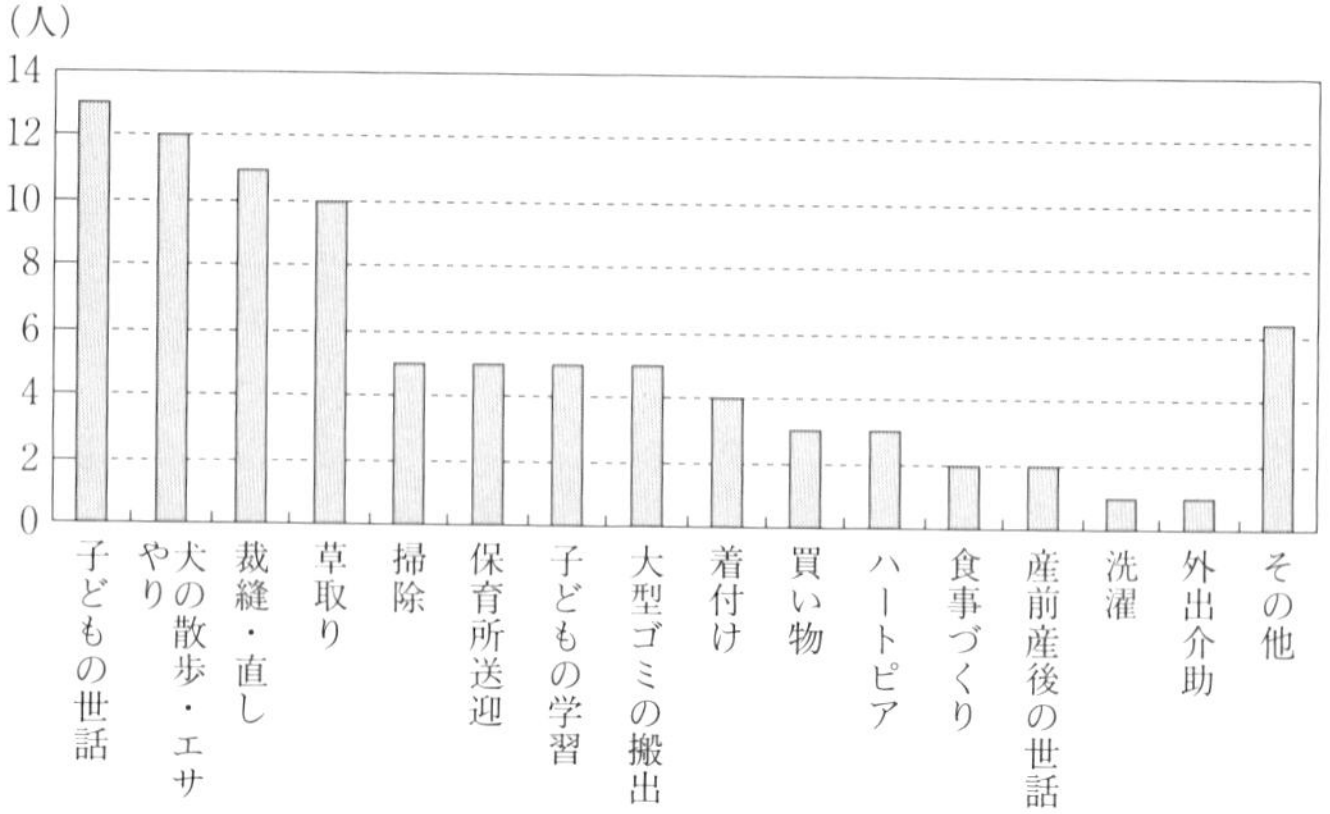

出所：2005年3月実施したアンケートをもとに筆者が作成.

図 3-2　2004年度「おたがいさまいずも」の利用内容（複数回答）

その他に、「バザー」・「ビーズづくり」・「小物づくり」、特技を持った方が講師をする「おたがいさま講座」などを実施している。「おたがいさま講座」は、例えばフラワーアレンジメントが得意な人を講師とし、それを学びたい人が三〇〇円（材料費等は別）を払って参加する仕組みだが、講師には応援活動と同じく二時間半で一五〇〇円を支払い、開催条件は六名以上にしているので、必然的に差額が発生する。この差額が「おたがいさまいずも」の事務局へ活動費としては入ることになる。広報紙「おたがいさまニュース」は月一回発行され、支所の職員を通じてエリア内の組合員全員に配布される。このニュースは手書きのため組合員にとって大変好評で、「おたがいさま活動は気軽で安心だ」ということが組合員のなかに徐々に浸透しつつある。

　社会福祉法人「ハートピア出雲」の応援は特筆すべき内容をもっている。「ハートピア」は障害者生活支援、デイサービス、児童デイサービスの三つの事業を柱に、二〇〇〇年に出雲市内に設立された社会福祉法人である。「おたがいさまいずも」は、現在、生協の出雲支所エリアの一二の小学校に通う一七名の障害者の児童デイサービスへの送迎と「ハートピア」での託児も任されており、地域での公的な部分の一部を担っている。「ハートピア」の応援は一週間単位となっており、交替も含め約三〇名が応援し、月二〇〇時間以上の活動になっている。応援者にとっては、障害者への理解と高い役立ち感があり、「他の応援は遠慮するが『ハートピア』だったらやりたい」という応援者もいる。そして、運営委員や応援者は「ハートピア」の応援を通じて地域社会への関心を一層高めてきた。「ハートピア」からも、「『おたがいさまいずも』はなくてはならない存在」「地域と皆さんと交流ができ大変嬉しい」等の声が発せられている。

現在、生協しまねのなかには、「おたがいさまいずも」のほか「おたがいさままつえ」と「おたがいさま雲南」が活動を展開しているが、この三つの「おたがいさま」は、「全国発信プロジェクト」を立ち上げ、県内・県外を問わずやむを得ず離れて暮らす家族の心配ごと（郷里に残した両親のお世話、墓の掃除など）への応援により家族の安心づくりに貢献しつつある。

応援はおおまかに、①非継続応援（草取りなど単発的なこと）、②継続応援（家族に長期の病人などが発生し、食事や掃除など継続応援が必要なこと）、③「ハートピア」応援の三つに分類できるが、継続応援の増加が際立つ（図3-3）。継続応援（継続的サービス）についてペストフは「継続的サービスは非継続的サービスに比べると、一層の親しさや長期的な社会関係にもとづく[2]」と述

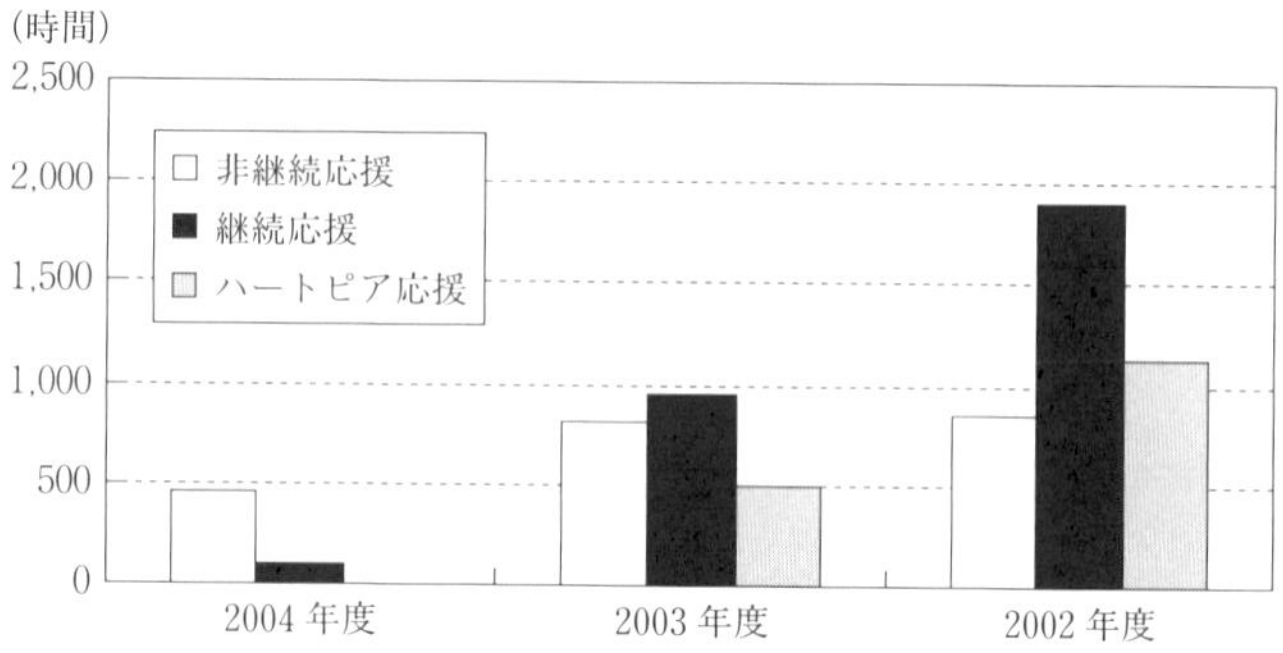

出所：「おたがいさまいずも」の資料をもとに筆者が作成.

図 3-3　「おたがいさまいずも」の活動分類とその推移

べているが、「おたがいさまいずも」にもそのまま当てはまる。

また表3-1の応援（利用）事例からわかることは、利用者は勿論のこと応援者も「おたがいさま」活動を通じて励まされ元気になっている様子がうかがえる。

②運営

日常の運営は運営委員会を中心に行われているが、運営スタッフは、四人のコーディネーター、三人の組合員理事、七人のボランティア（応援者、支所くらしづくり委員）の合計一四人の組合員である（表3-2）。

月一回の「運営委員会」では応援事例の検証をはじめ様々な案件をこの運営委員会で協議決定する。その他、運営委員会では、会計、広報、啓蒙活動、チャリティーバザー、応援者の交流会の企画、他団体との連携、研修など話し合っている。この運営委員会には生協しまね出雲支所の「くらしづくり委員」や「くらしづくり企画室」の幹部職

表 3-1　応援（利用）事例（2004 年度）

①利用者 A：視覚障害者の男性（40 歳）．現在治療院を開業し，時々外出する．近くの買い物はタクシーを利用することが多いが，費用も重なり不親切な運転手もいて不愉快な思いをすることがよくあった．利用の中身は買い物など外出する際の付き添い．A さん曰く「『おたがいさまいずも』を利用し，行動範囲も広くなり今は満足．応援者はとても親切で楽しい．無くなったら困る．どこの町でも『おたがいさま』ができたら障害者は助かるのになあ……」．
②応援者 B：女性（60 歳）．子どもが病気になりお母さんが付きっきりでお世話をしている家庭へ週 2 回夕食づくりの応援．B さんは「この家庭では，『普段は簡単な夕食で済ましているので，応援の日は家庭的な料理と家族の団欒を味わうことのできる大切な日なんです』と利用者の方が私に言われたのです．私はそれを聞いた時，自分の小さな応援が 1 つの家族を励ましているんだと感じ，心の底から嬉しく思いました」と楽しそうに話された．また B さんはできるだけ時間をつくりそのお母さんとおしゃべりをしている．B さん曰く「お互いが通じ合ってこそ本当の応援ではないのだろうか．こちらだけが『きちっとできた』と満足していてはダメ．お互いが満足できる状況をどうつくっていくのかが発展のカギだ．しかし，無理は禁物．自分に負担を感じたら応援をやめる」．
③応援者 C：「ハートピア出雲」応援の男性（70 歳）．障害児児童を 3 カ月間朝と昼送迎．C さんは，最初は障害児との接触の仕方がよくわからなかったが，今は楽しくやっている．C さんは，「家庭菜園でつくったスイカをその児童に食べさせたらずっと覚えてくれているので自分も嬉しくなる」と言っている．また「おたがいさま」の若いコーディネーターの方とも親しくなり人生が一層楽しくなったと．
④応援者 D：女性（46 歳）．障害児を小学校入学時から 1 年 3 カ月送迎．最初は自信もなく接し方がわからず大変苦労したが，時間が経過していく中で障害者として意識しなくなった．ある時その子どもがこんなことを言った．「私は出産予定が 10 月だったけど 8 月 15 日に生まれたの．成長しないまま生まれてきたので，今頑張っているわけ」．D さんはこの前向きな姿勢に励まされた．また D さんは，応援前までは体が丈夫ではなく点滴をうっていたが今ではすっかり元気になり点滴もうたなくてよくなった．

出所：筆者がヒアリングし作成．

員も参加し、「おたがいさま」の活動が生協の支所の組合員活動と連動できるようにしている。「コーディネーター会」は月数回開催され、事例研究とその共有化を図り、「常に困った時はみんなで考える」というスタンスを大切にしている（表3‐3）。

年一回「応援者交流会」が開催され、応援者・運営委員・職員との交流や事例発表がなされる。この応援者交流会は、みんなの工夫や応援者自身が一歩踏み出すことで変わっていったことや、利用者になった時の思いなどを交流することで、みんなが元気をもらって帰れる場にしている。この交流会は他の行事へ加わり年二～三回開催することもある。二〇〇五年度は視覚障害者の利用者、行政・出雲市社協・ボランティア団体、一般の組合員、非組合員などが新たに加わり参加の層が広がってきた。また「応援者別交流会」を不定期に開催し、「ハートピア」・家事応援など関わっている人同士の交流の場を持ち、それぞれが感じていることを安心して発言できるようにしている。

このように運営のすべてが組合員自身にまかされているため必然的に主体性や自立性が醸成されていく。またお金の使途や運営上の様々な問題も運営委員会で協議し決定するようにしているので、運営委員の意識は上位に対する「要求型」から自分達で何とかしようという「解決型」へと転換し、徐々に「問題解決能力」が養われつつある。。

運営については、改めて二〇〇六年度スタート時に、「運営原理」として、表3‐4の通り確認された。

表 3-2　2006 年度運営委員会メンバー（2006 年 4 月現在）

・運営委員会のメンバーは……準備会以降，年度ごとに若干の入れ替えがある．コーディネーター 4 人，組合員理事 3 人，応援者 2 人，くらしづくり委員 4 人，事務局 1 人の合計 14 人．それに職員 1 人が加わる．
・4 人のコーディネーターは……平均生協歴 16 年，平均年齢は 42 歳．運営委員，組合員活動委員，専門委員など経験している方が多い．
・3 人の組合員理事は……平均生協歴 18 年，理事歴 5 年目の人，13 年目の人，16 年目の人，平均年齢 49 歳．それぞれの役割分担は，会計担当，事務局担当，代表．
・7 人の組合員ボランティア，応援者は……平均生協歴 10 年，平均年齢 41 歳．応援，ニュース作成，バザー手伝い，おたがいさま講座の講師など多方面にわたってお手伝いしている．

出所：筆者がヒアリングし作成．

表 3-3　「コーディネーター会」の様子（2005 年 9 月）

・「今はかなり，利用者の『困った!』と，応援者の『できるよ』を，つなぐことに徹しているけど，いつも迷いを繰り返しているよね」
・「多忙な自営業のお子さんの託児．それと，引越しのお手伝いをした文具販売業の組合員さんから，『新 1 年生のための校内文具販売を手伝って欲しい』って，言われた時もあったね」「営利活動のお手伝い？みたいな気がして，『応援できるのかな？受けていいのかな？』と，運営委員会で，何度も話し合ったけど，やっぱり，自営業している組合員さんが困っていて，『誰か早く見つけて欲しい!』という気持ちや『こんなことも頼めるの？』という声や思いを直接聴くと，『じゃ，探してみよう』となって，応援者が必ず見つかっていく」
・「応援者が，楽しんでやって下さったり，仕事として，やり甲斐を持って下さったり…」「困っていることに，どこまで応援するか？って，いつも課題だけど，『いろんなくらしがある』ってそのたびにわかる」
・「そう，それと，本当に困った時は，どこに，誰に聞いていいのかわからない．そんな時，おたがいさまで『大変ですね』と一緒に考えて，なるべく受けてあげたい」
・「くらしと協同の研究所の訪問（インタビュー）の時に，『じゃ，例えばパチンコに行くけど，留守中託児して！という時はどう？』と聞かれたけど，私は，そんな託児を頼んでくる人はしっかりした人だ！と，感心しちゃう．勿論，すぐ応援者を探す」「今の世の中，駐車場の車の中に置いてきぼりで，大変な目に遭う子もいるし．それに，パチンコも趣味や息抜きだもの，お母さんが，マツケンコンサートに行くための託児をした時と変わらないなあ」「そうそう！」

出所：くらしと協同の研究所『協う』2005 年 10 月号から．

表 3-4　「おたがいさまいずも」の運営原理（2006 年 6 月）

①「やりたいから，やりたい人がつくる世界」――理事会決定，職員事務局配置，全県的ではなく→自分達の意思で，顔が見える範囲，支所ごと．
②「いつでも，だれでも」――会費制，会員制という狭い人たちの活動ではなく，または敷居を低くするため→会費制はとらず，出入り自由に，生協らしく．
③「困ったら，みんなで考える場がある」――規則，基準，枠組み，役割分担は極力少なくし→やってみてどうだったか，振り返ってまた考える．
④「関わっている人たちが，自分達で決める」――理事会や関わっていない人たちで決めるのではなく→「おたがいさま運営委員会」で，自立（自律）的に決める．
⑤「より豊かになることを支え合う地域づくり」――「困りごと」は第三者が決める，限定的ではなく→「困りごと」は当事者が決める，共感的に受けとめる，利用者（人）と応援者（人）をつなぐことに徹する．

出所：「おたがいさまいずも」の活動報告資料から．

③財政

「おたがいさまいずも」の財政は、生協しまねからの年間四八万円の助成以外はすべて自分達で捻出しており、独立採算をめざしている。主要には、利用者から頂く一時間当たり二〇〇円の運営費である。その他の収入源としては、年に数回バザーを開催する。バザーは支所の職員にも協力してもらい、各組合員に声をかけ不用品を拠出していただき、それをバザーで提供する。その他に、「おたがいさま講座」、貸衣装（主に各家庭で不用になった子ども用のセレモニー服や靴等を無料でいただき、必要な他の人に一回二〇〇円で貸し出す）などがある。

二〇〇四年度の収入実績は、前期繰越金一四万一〇七七円、運営費（差額二〇〇円の収入分）五八万二二五〇円、生協からの助成金三三万八九二三円、バザー二〇万三九一二円、「ハートピア」一九万六五六九円、寄付金四万八五〇円、おたがいさま講座一万一七〇〇円、その他一万三〇三九円の順となっている。二〇〇四年度の生協からの助成金は前期繰越金を差し引いた額である（480,000円−141,077円＝338,923円）（表3-5）。二〇〇四年度の生協しまねからの助成金は、「おたがいさまいずも」の財政に少し余裕がでてきたこともあり、減額されている。

二〇〇四年度の収支は、次期繰越金が二七万五三九九円となっており、徐々ではあるが、経営基盤が強化されつつある。赤字は絶対出さないようにしているので、赤字を出さない工夫の一つとして、コーディネーターの時給額は当月の応援時間数とコーディネーターの当月の活動時間総数に連動させ決めている。そのため時給額は常に変動することになる。

二〇〇五年度の収支は、年度後半からコーディネーターが一人増え四人体制にし、パソコン購入など支出が増加したが、「ハートピア」の利用が大幅に増加し、次期繰越金が二三万六六三七円と財政基盤も、年度を追うごとに、強化されつつある（表3-6）。

4　生協しまねと「おたがいさまいずも」

(1)「おたがいさま」活動の広がりと生協しまねへの影響

「おたがいさまいずも」は、生協しまねが食の安全・安心を軸に築き上げてきた信頼や人と人との結びつきを土台に形成され、生活・福祉領域やくらしに関わる困りごとのすべてに対応し、組合員自身による事業化をめざしている。

表 3-5　2004 年度事業収支

（単位：円）

収入		支出	
前期繰越金	141,077	コーディネーター活動費	1,008,515
運営費	582,250	〃　交通費	75,263
ハートピア	196,569	応援料	23,540
バザー	203,912	会議費	10,246
おたがいさま講座	11,700	事務経費	48,489
交流会会費	7,200	携帯電話代	28,542
寄付金	40,850	他団体会費	3,000
雑収入	5,839	研修費	23,000
生協からの助成金	338,923	交流会	17,370
		バザー経費	4,473
		備品代	7,003
		雑費	3,080
		返金他	400
		次期繰越金	275,399
合計	1,528,320	合計	1,528,320

出所：2004 年度「おたがいさまいずも」の応援者交流会資料から．

表 3-6　2005 年度事業収支

（単位：円）

収入		支出	
前期繰越金	275,399	コーディネーター活動費	1,326,905
運営費	490,300	〃　交通費	96,790
バザー	138,694	応援料	2,610
寄付金	25,000	会議費	19,562
ハートピア	603,239	事務経費	36,871
登録料	6,400	携帯電話代	91,778
おたがいさま講座	7,913	研修費	15,000
雑収入	5,408	備品他	193,600
生協からの助成金	480,000	雑費	12,600
		次期繰越金	236,637
合計	2,032,353	合計	2,032,353

出所：2005 年度「おたがいさまいずも」の応援者交流会資料から．

生協しまね本体は、この間「おたがいさまいずも」を側面から励まし応援してきているが、「おたがいさまいずも」のなかで創出されてきた組合員の新たな協同のエネルギーが生協しまね本体のなかでも一定の影響力を持ちはじめ、組織を活性化しつつある。例えば、①二〇〇四年一一月に開催された生協しまねの創立二〇周年記念式典のなかで、生協しまねの主要な活動の事例として、「おたがいさま」の活動が大きく紹介され、取引先も含め多くの参加者から共感と感動の声が渦巻いた。②また総代会での発言や感想文に「おたがいさま」活動の報告や共感の声が増加してきている。③理事会においても、「おたがいさま運営委員会報告」をもとに活動の共有化を図っているが、「おたがいさま」が大切にしてきた〝一人ひとりの組合員に向き合う場〟〝楽しく元気の出る場〟という考え方が、共通の価値観として共有化されつつある。

その後、「おたがいさま」は、松江（二〇〇四年四月発足、「おたがいさままつえ」）と雲南（〇五年六月発足、「おたがいさま雲南」）でスタートし、現在では三つのエリアでそれぞれが独自の運営で展開しているが、各地域で「おたがいさま」と生協しまねとの関係が進み、組織の活性化につながっていくものと考えられる。また三つの「おたがいさま」は現在、「おたがいさま連絡会」を結成し、事例の研究や交流を行っている。

⑵　生協しまねにおける新たな変化

一方、組織の活性化を促進させるために新たな変化（挑戦）もはじまっている。

新たな変化は、運営面で顕著に現れており、次の四つに整理できる。

一つは、「おたがいさまいずもの」の経験から組合員が主体的・自発的に関わることの重要性を学び、理事会と組合員との中間組織であった地域委員会を義務的なトップダウン的運営から主体性や自発性を重視したボトムアップ的運営に転換し名称を「地域ネット」としたことである（二〇〇三年一〇月）。すなわち「タテ型民主主義」（閉鎖型ピラミッド）から「ヨコ型民主主義」（開放型ネットワーク）[3]へと組織構造と意思決定プロセスの転換をはかりはじめてきた。そして、義務的な運営から自発的な運営へ転換したことにより、それまで支給していた委員一人当たり月二〇〇〇円の手当を二〇〇三年一〇月から廃止した。二つは、二〇〇五年六月から「くらしづくり会議」を発足させ、組織運営や事業運営の考え方を一層〝くらしづくり〟に重点を置くようにした。当面は月一回の開催である。構成は三人の常勤役員全員と五人の組合員理事、一人のアドバイザーの計九名である。組合員理事は二人が「おたがいさまいずもの」、一人が「おたがいさままつえ」、一人が「おたがいさま雲南」と全員が「おたがいさま」に深く関わっている組合員理事である。数カ月が経過した現在、くらしのなかで起きていること（事業、組合員活動、商品など）は何でも出し合い課題を整理したり、理事会議案についても、これまでは理事会議案は常勤部が提案していたが、組合員理事も加わり、議案の内容や新たな議案も含め議論されはじめた。三つは、二〇〇五年度から副理事長ポストを設けることにしたが、その任を「おたがいさまいずもの」の事務局を担当している組合員理事が担うこととなった。また新しい副理事長は週一回の常勤役員会にも出席している。四つは、二〇〇五年度はじめて組合員の声から次年度の方針をつくるという作業を行った。これは、組合員アンケート等の声から次年度の方針を策定するという作業で約半年間を費やした。

以上のように、生協しまねと「おたがいさまいずも」の関連は、生協しまねの運営を徐々に変化させ、組織そのものを活性化させつつある。すなわち、右の関連は、大きな協同組合（生協しまね）のなかから小さな協同組合（「おたがいさまいずも」）が誕生し、小さな協同組合のなかで醸成された新たな協同のエネルギーが再び大きな協同組合のなかへ注入され、大きな協同組合が質的に変化し、新たな方向性へと発展していく典型例といえる。

5　地域コミュニティにおける新たな協同のネットワーク

(1)　「おたがいさまいずも」と地域コミュニティとの連携

「くらし」の発展・充実をめざすニーズは多様・不定型であるが、「おたがいさま」の活動は定型化せず、利用者（組合員）から発せられる声に対し寄り添い共感することを大切にしてきた。そのような型にはまらないやり方が、地域コミュニティとの連携を促進させ、さらには地域のくらしの変化を顕在化させた。以下、地域コミュニティとの連携と、連携を通じて見えてきた「くらし」の実態を紹介する。

出雲高齢者あんしん支援センター（地域包括支援センター）は、同センター利用者に対して「おたがいさまいずも」の家事援助を紹介しているが、輸送手段についても経済的負担を軽減するため、「おたがいさまいずも」を紹介するようになってきた。

小山居宅介護支援事業所（特別養護老人ホーム）は、デイサービスの利用者に対して、「おたがいさまいずも」の庭の水やりや仏壇の清掃などの紹介も積極的に行っている。

県立中央病院医療相談課は、急な入院での留守宅の家事応援、退院直後の介助や家事応援など患者の家族に対して「おたがいさまいずも」を紹介するようになってきた。また、中央病院は院内クリーニング店がなくなったため、入院患者の洗濯物の世話など「おたがいさまいずも」を紹介している。

行政との関係では、出雲市役所の複数の部局から夏の青少年キャンプをはじめ野外活動への看護士の依頼が増加している。島根県との関係では、現在三つの「おたがいさま」は島根県「しまね子育て応援団」へ登録し、県から「認証マーク」を取得しており、手づくりの遊びなどを通じて子ども達を応援している。出雲市総合ボランティアセンター（活動・交流の場、学習の場、情報の場、コーディネートの場の四つの機能）と「おたがいさまいずも」の連携も進みつつある。

このように、「おたがいさまいずも」と地域コミュニティとの連携は多様な形で進行しているが、逆に連携を通じて様々な「くらし」の実態や「新たな生きにくさ」が出現していることがよく見えてくる。

(2) 社会福祉法人「ハートピア出雲」との連携と福祉協同の醸成

「ハートピア」は、「障害者とその家族の生活支援を通じて、その人らしい自立と社会参加の促進をはかること」を目的に、二〇〇〇年六月に設立された。「ハートピア」の事業の柱は、障害者デイサービス、児童デイサービス、身体障害者相談支援、いずも福祉用具プラザ（展示）の四つである。

そのなかで、「おたがいさまいずも」は児童デイサービスの送迎（学校〜ハートピア）と託児を担っている。障害児学童の送迎は、時間の変更など突発的なことがおこりやすく、保護者・学校・「ハートピア」・「おたがいさまいずも」の四者による電話でのやりとりが頻繁に行われる。

障害児学童は、「おたがいさまいずも」の応援を通じて様々な人との出会いや学ぶことも多くなり、よくおしゃべりをするようになってきた。また子どもの送迎は、共働きの家庭にとっては負担が重く、大変助かっている。学童と応援者の絆も強くなってきており、送迎の道中お互いよくおしゃべりするが、そのおしゃべりが双方を励まし協同を醸成しつつある。

「おたがいさまいずも」と「ハートピア」の関係は、「おたがいさまいずも」の応援時間総数の約半分は「ハートピア」への応援であり、「ハートピア」は「おたがいさまいずも」の応援がなければ、現行制度の下では事業経営が困難であり、今や両者は運命共同体的協働関係にまで進展している。

(3) 「おたがいさまいずも」と諸団体との関係

「おたがいさまいずも」は行政機能の一部を担ったり、県立中央病院との連携や「ハートピア」の障害児学童の送迎など公益性の高い活動を展開していることから、地域社会から徐々に信頼を得つつある。「おたがいさまいずも」と諸団体との関係は、組織的な関係というよりも個人的なつながりが大きい。つまり、「おたがいさまいずも」の運営委員会のメンバーや応援者は地域のなかで、個人的に他団体やそこに所属している個人とのつながりを持っているケースが多い。そして、そのことが、結果として様々な連携を生んでいる。いずれにしても「おたがいさまいずも」は生協しまねと行政や他団体との接着剤的位置になりつつある。

6 「おたがいさまいずも」の意義

(1) 組合員の新たな協同のエネルギーの再生

生協しまねのなかで形成されてきた「おたがいさまいずも」は、生協本体から自立し組合員自身による主体的な運営を展開することにより、従来の購買生協のなかで失われつつあった協同や自立性を新たな協同のエネルギーとして再生し、さらにはコーディネーターと運営スタッフは利用者と応援者をつなぐプロセスを通じてコミュニケーション能力を高めてきた。また徹底した民主的運営と事業化は、困難に直面した時、誰かにすぐ依存することではなく、自分達で問題を解決していくという問題解決能力を育てつつある。

(2) 「駆け込み寺」的安心の形成

「おたがいさまいずも」は、「あなたの今の困りごとは大したことはない」と応対する側が判断することではないと考え、応援者が見つかる限りすべての困りごとに対応するようにしている。また応援者と利用者は対等の立場で、相互に認め合い、思いや悩みを率直に出し合っている。このことは、生きにくさや悩みを抱えた組合員を励まし応援し、困った時の「駆け込み寺」的な機能を果たすことになる。

(3) 地域コミュニティへの貢献

行政や地域コミュニティとの連携や社会福祉法人「ハートピア」の応援に見られるように、「おたがいさまいずも」は現在公的な部分の一部を地域で担っており、地域社会から高い評価を受けている。また「おたがいさまいずも」は、地域の様々な団体や個人とのつながりも増加しており、生協しまねと行政や他団体との接着剤的存在になりつつある。

(4) 経済的効果の可能性

今回実施したアンケートから組合員の参加と商品利用に相関関係があることがわかった。それは、

「おたがいさまいずも」の登録応援者や利用者において、生協の役員経験や諸行事への参加の「度合い」が多い人ほど生協の商品利用が高く、少ない人ほど低いという結果が顕在化したことである（図3-4、5）。例えば、図3-4の一カ月五万円以上利用している範囲に属している組合員は、一人当たり三・二五種類生協の役員を経験していることになる。また図3-5の三千円未満の範囲では一人当たり生協の行事参加は〇・七一種類、すなわち一つもない組合員が多いということである。ちなみに、役員経験の多い順番は、総代、地域委員、支所委員、運営委員、実行委員、班長、専門委員、理事である。諸行事への参加は、学習会・交流会、生協まつり、総代会、工場見学・産地訪問、サークル活動という順である。応援者の一人当たり一カ月利用金額の構成は、五万円以上八・五％、三〜五万円未満一九・一％、二〜三万円未満一七・一％、一〜二万円二一・三％、五千〜一万円未満一二・八％、三〜五千円未満八・五％、三千円未満七・四％、利用なし五・三％となっている。

右の組合員の参加と商品利用の相関関係は、ペストフの議論である「参加とロイヤルティは同じコインの表と裏の関係である。協同組合における参加がその経済活動における利用結集と密接に関連している[4]」と一致する。以上の参加と利用の相関関係は「おたがいさまいずも」そのものにも当てはまるはずである。すなわち、「おたがいさまいずも」の活動や参加形態は、生協のそれとは若干異なるものの、組合員のロイヤルティを高めるという点では全く同じである。「おたがいさまいずも」の活動の広がりが、やがては組合員と生協の関係を親密化し、「私の生協」という実感が高まり、ひいては生協しまねへの経済的効果をもたらす可能性がでてきたといえる。

(5) 組合員参加の新たな舞台の創出

さらにアンケートを細かく見ると、実は登録応援者の五二・〇%はこれまでに生協の班長・総代・運営委員などの役員を一度も経験したことのない組合員である。利用との関係では、生協しま

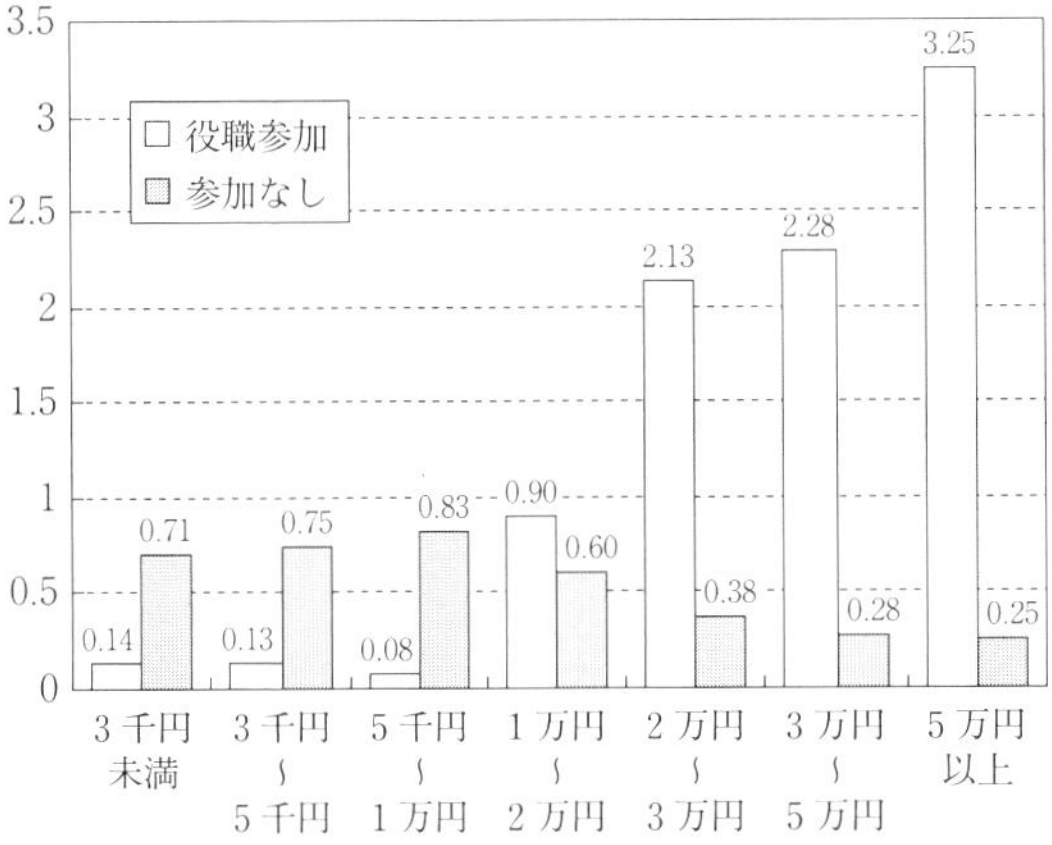

出所：2005年3月実施したアンケートから作成.
タテ軸数値＝利用単位毎延べ役職参加数÷人数

図 3-4 登録応援者の利用金額と役職参加の関係

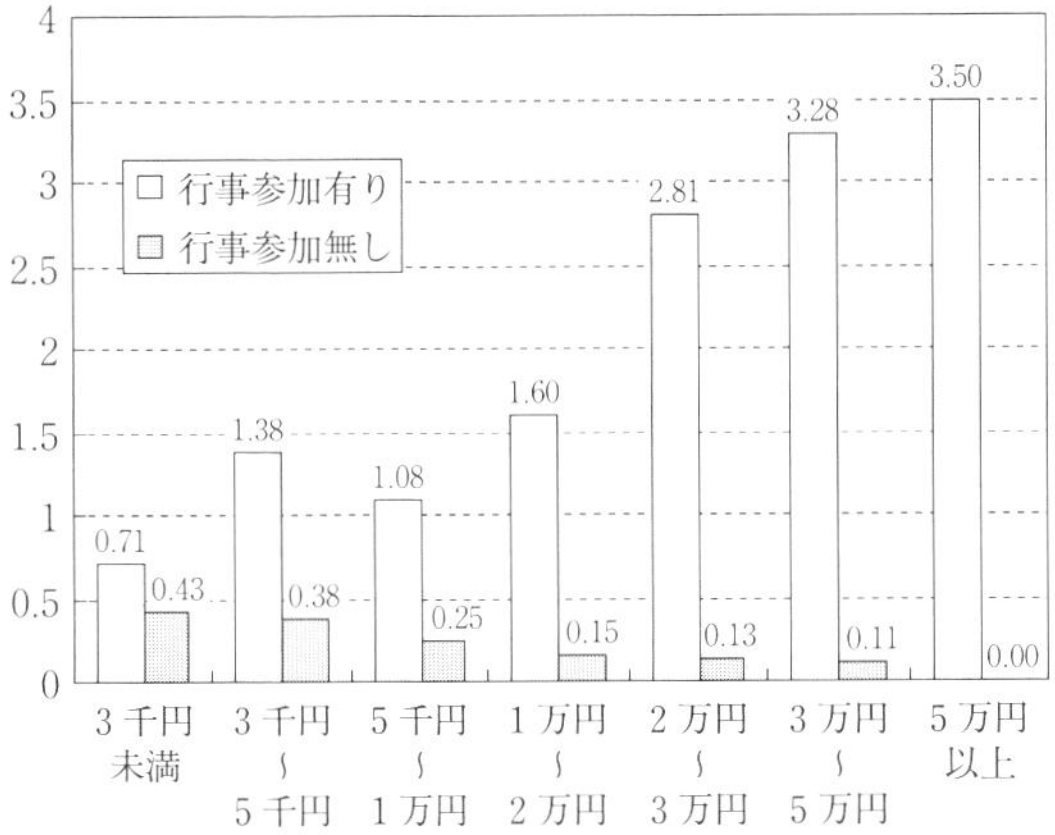

出所：2005年3月実施したアンケートから作成.
タテ軸数値＝利用単位毎延べ行事参加数÷人数

図 3-5 登録応援者の利用金額と行事参加の関係

ねの二〇〇四年度の一カ月平均利用高は一万二二〇九円であるが、生協の商品を利用していない人（五・三％）を含め一万円未満の層が三四・〇％も存在する。すなわち、これまで生協への参加や利用の少ない層が自発的に「おたがいさまいずも」という生活・福祉領域活動の舞台に登場してきたということである。そして新たな参加層は「おたがいさま」活動を通じて、励まされ元気になり、自己実現の機会を新たに得ることにつながる。生活・福祉領域は、そもそも普遍的で公益性が高く、ボランティアの参加を得やすい特性を持っているが、ボランティアの精神は福祉を支える土壌でもあるので、組合員参加の新たな舞台の創出は意義がある。[5]

7　「おたがいさまいずも」の特徴と課題

(1)　「おたがいさまいずも」の特徴

①設立の単位は、共同購入の事業所のエリアを単位としており、地域での小規模対応を可能にしている。全国の「くらしの助け合いの会」は単協に一つという広範囲なエリアを単位としているところが多い。

②利用条件は、利用しやすくするため入会金や会費制はとっていない。全国の「くらしの助け合いの会」は入会金や会費制をとっているところが多い。

③応援の中身は、生活・福祉領域に限定せず、地域でのくらしに関わるすべての困りごとに対応し

ている点で普遍的であり、行政との連携や「ハートピア」への応援など公的な部分を担っていることからも、公益性が大変高いといえる。全国の「くらしの助け合いの会」は利用制限を設けているところが多い。

④運営や経営は、すべて組合員自身に任されており、組合員自身による独立採算の事業化をめざしている。

⑤属性については、女性が中心であるが男性も比較的多い。登録応援者は、生協歴が長く役員歴も多く、生協との関係が深い。一方、生協との関係が少ない層も増加傾向にある。

(2)「おたがいさまいずも」の課題

①運営基盤と財政基盤の強化――この間、「おたがいさま」の活動が地域のなかで広く知られるようになり、行政をはじめ諸団体からの紹介も増加傾向にある。今後は増加する応援時間に対応できるコーディネーターや応援者の適正な配置と育成が求められる。

②安全運転の技能訓練――「ハートピア」をはじめ送迎の需要が増加しつつある。送迎の利用者や応援時間数が増加しているなか、安全運転の技能向上は大前提となってくる。

③他支所エリアの「おたがいさま」の形成支援――「おたがいさま」は生協しまねのなかで、現在、七つのエリアのうち三つで活動しているが（大田支所で準備中）、組合員の困りごとは全体的に発生しており、発足していない他支所のエリアの組合員への支援が必要である。

8　まとめ

(1)　組織の活性化と地域づくり

「おたがいさまいずも」は、生協しまねの共同購入支所という「小さな単位」で形成されてきたが、応援者同士あるいは応援者と利用者の顔の見える関係を築き、継続応援の増加が裏付けしているように、質のいいサービスを創出してきた。また「おたがいさまいずも」の活動のなかで再生されてきた新たな協同のエネルギーは、生協本体へ影響し、生協しまねそのものを活性化させつつある。さらには生協とのつながりが少ない組合員層が新たに登場してきたが、やがては「おたがいさまいずも」の活動を通じてロイヤルティを高め、結果として生協しまねへの利用結集へつながる可能性もでてきた。

このことは、伝統的協同組合である購買生協が現在抱えている人と人との協同的な結びつきを維持しながら効率的な事業組織を組み立てるという課題と、生活・福祉領域や地域づくりに関する領域における協同といった新たな課題を、一元的に捉え克服しようという模索である。

また「おたがいさまいずも」は、地域コミュニティにおいても行政や諸団体と多様な連携を展開しており、高く評価されつつある。そして、「おたがいさまいずも」の運営スタッフや応援者は、地域コミュニティとの連携を通じて、生協しまねと行政や他団体との接着剤的役割を果たしつつある。

(2)「おたがいさまいずも」の性格と生協しまねの方向性

「おたがいさまいずも」の性格は、組合員のすべての困りごとへ対応するという「普遍性」や行政や社会福祉法人との連携により公的部分の一部を担うという「公益性」を備えており、「新しい協同組合」の特徴を持っている。

生協しまねは、「新しい協同組合」的性格を持っている「おたがいさまいずも」を内包し、従来の購買領域における市場条件の改善をめざし協同してきた購買生協とは異なり、生活・福祉領域や地域づくりに関する領域における協同を従来の購買生協に包含させるという新たな方向性をもつ購買生協へ転換しつつある。

(3) 生協しまねと「おたがいさまいずも」の関連

生協しまねは、現在、「おたがいさまいずも」に対して自立（自律）性を堅持させながら、事務所の提供や助成金の拠出などの応援を実施している。また生協しまねの二〇〇六年度の方針の基本的な考え方は、「おたがいさま文化」（くらし発で、みんなで考え、みんなで決める）を組織のなかにさらに充満させるとしているが、生協しまねと「おたがいさまいずも」の関連は、購買生協が購買生協から誕生した「新しい協同組合」を内包するという関連の典型例といえる。そして、生協しまねの組織全体または支所エリアにおいて、様々な協同が再生され、組織全体が元気になってきていることの意義は大きい。

このように生協しまねが「おたがいさまいずも」を内包する関連は全国では一番多いケースと思われるが、全国の「くらしの助け合いの会」と決定的に異なるのは、小規模運営や地域コミュニティとの連携ということである。すなわち、生協しまねは「おたがいさまいずも」を関連的に捉え、双方が自立（自律）性を保ちながら関連し合い、新たな協同を再生し地域づくりに向かおうとしている。

注

（1）「全国平均」は「日生協二〇〇四年度生協の経営統計」より。
（2）Victor A. Pestoff, Beyond the Market and State: Social enterprises and civil democracy in a welfare society, 1998. ビクター・A・ペストフ『福祉社会と市民民主主義―協同組合と社会的企業の役割―』（藤田暁男、川口清史、石塚秀雄、北島健一、的場信樹訳）日本経済評論社、二〇〇〇年、一〇八～一一〇ページ。
（3）中村陽一「21世紀社会デザインのなかでの生協」（中村陽一＋21世紀コープ研究センター編著『21世紀型生協論』日本評論社、二〇〇四年、八ページ）。
（4）Victor A. Pestoff, Between Markets and Politics Co-operatives in Sweden, 1991. ビクター・A・ペストフ『市場と政治の間で』（藤田暁男、田中秀樹、的場信樹、松尾匡訳）晃洋書房、一九九六年、一三三ページ。
（5）阿部志郎『福祉の哲学』誠信書房、一九九七年。

第四章

生活クラブ生協・東京と「轍」の協働

1 はじめに

海外においては新しい協同組合やワーカーズなどの新たな協同組織が立ち現れ、多様な関係性を取り戻し、「新たな生きにくさ」を克服しようという運動が広がってきている。そしてその運動の広がりは伝統的協同組合へ影響を与え、全体として協同組合運動は絶えず更新し続けている[1]。

国内においても、一九八〇年代から購買生協を母体に「新しい生き方・働き方」としてワーカーズ・コレクティブ（「新しい協同組合」）が誕生し、購買生協や地域社会に対し影響力を持ちはじめている。その領域は環境、福祉、子育て、製造、商品配達の受託など多様であるが、とりわけ共同購入の戸配部門[2]におけるワーカーズ・コレクティブの登場は、生協運動の方向性を展望する時、重要な意味を持つようになってきた。

購買生協とワーカーズ・コレクティブの協働の特徴は、購買事業機能の外部化の協同組合化であり、共同購入センターで生協の職員とワーカーズのメンバー（労働者）が一緒に仕事をしているということである。「新しい生き方・働き方」としてのワーカーズ・コレクティブの登場は、生協の様々な仕事の場面で関係性を取り戻し、協同労働や組合員との協同関係を再生するなど、購買生協へ新たな方向性を提示しつつある。その先進事例としてワーカーズ・コレクティブ「轍《わだち》」が挙げられる。「轍」は生活クラブから誕生し、一九八八年以降共同購入の戸配部門を受託してきたが、人々のくらしの変容のなかで、戸配は大きく伸び、現在一一の共同購入センターで組織が異なる一一の「轍」がそれぞれで活動している。また一一の異なる「轍」は、主体的力量を高めるため「轍グループ協議会」（以下「轍グループ」）を結成し、システムや組織運営の統一化を進めつつある。

このように、生活クラブ生協・東京とワーカーズ・コレクティブ「轍」との関連は、購買生協と購買生協を出自とした「新しい協同組合」との協働関係であるが、全国的に購買事業機能の外部化（アウトソーシング）が進行しているなか、貴重な実践といえる。

本章は、「新しい生き方・働き方」としての「轍」の実践や生活クラブの協働について実証的に分析し、その関連と意義について考察することを目的とする。なお本章では、「轍」が二〇〇三年一〇月に独自で実施したメンバーの意識調査（対象者=「轍グループ」メンバー一五八人、回収一二五人〈回収率七九・一%〉）を、必要に応じて引用する。

2　ワーカーズの誕生と現状

(1)　ワーカーズの誕生

ワーカーズの源流は欧米の産業革命の時期までさかのぼる。一八三三年フランスで仕立て職人達がストライキを起こし、生活費を稼ぐため協同して服を仕立てて販売したのがはじまりといわれている。その後イギリス、イタリア、スペインなどへ広がり「ワーカーズ・コープ」と、アメリカでは社会や労働のあり方を問い、自分達で働く場をつくるということで「ワーカーズ・コレクティブ」とそれぞれ名乗った。

国内におけるワーカーズ・コレクティブの第一号は、一九八二年横浜で生活クラブ生協のデポー（荷捌き所による共同購入システム）のフロア業務を担当として、「ワーカーズ・コレクティブにんじん」（人人の意味）が誕生した。その後、ワーカーズ・コレクティブは福祉などの公益的領域からパンの製造販売、子育て支援、戸配など多様な領域において「出資・労働・運営（経営）」の三原則で自立した事業体を形成してきた。

現在ワーカーズ・コレクティブは全国におよそ七〇〇団体あり、メンバーは一万六千人を超えている（二〇〇五年一一月現在）。二〇〇三年厚生労働省は「雇用創出企画会議」報告書のなかでコミュニティ・ビジネスを取り上げ、「コミュニティ・ビジネスを担う組織の形態としてはＮＰＯ法人

（NPO法人、それ以外の市民活動団体）、協同組合等（労働者協同組合、ワーカーズ・コレクティブ、企業組合）、会社（有限会社、株式会社）に分かれる」とはじめてワーカーズ・コレクティブという言葉を書き込んだ。

(2) ワーカーズの働き方

ここで、ワーカーズの働き方についていくつかの事例にもとづき整理してみる。ワーカーズの働き方については、西村一郎氏の調査が参考になるので三つの事例を紹介する。[3] 一つは子育て支援労働の「ワーコレ・みつばち」、二つは高齢者の見守り福祉配達の「世話焼きワーカーズ・コレクティブ・はまゆう」、三つは製造・販売現場の「パンの樹あるれ」である。以下、その具体的な内容について紹介する。①「ワーコレ・みつばち」は二〇〇二年に発足した。「みつばち」は、親と子ども達への支援の場をめざす保育園であるが、スタッフ達は自分の生活に合わせてローテーションを組み、一人ひとりの子ども達を、食事・睡眠・生活・言葉・遊びなど細かいサポートをしている。ちなみにスタッフの時給は、発足当時は一〇〇〇円であったが、現在では利用者も増え七〇〇円となっている。②「世話焼きワーカーズ・コレクティブ・はまゆう」は一九九五年に発足した。「はまゆう」は、藤沢にある福祉クラブ生協が扱っている食品を週一回配達する仕事であるが、独り暮らしの高齢者にとっては、商品の受け取りは人と接する大事な時間となっている。また「はまゆう」は現在地域における安否確認や日常的な助け合いの場にもなっている。③企業組合「パンの樹あるれ」は一九八九年に発足した。「あるれ」は、安全・安心で美味しいパンをめざす製造・販売・卸しの事業である。「あるれ」の主な販売先は、神奈川県生活クラブ生協や福祉クラブ生協の合計が七五％、「あるれ」の店舗一七％、千葉の生活クラブ生協他八％となっており、二〇〇四年度の事業高は八七〇〇万円であった。

以上のように、ワーカーズの働き方は人間らしい「新しい生き方・働き方」の創造といえる。あるいは、ワーカーズの働き方は、関係的世界の分断や生活や地域における生きにくさと孤立化が進行するなかで、新たな関係性を取り戻そうとする運動ということができる。

3　生活クラブ生協・東京の概況とワーカーズ・コレクティブの展開

(1)　生活クラブ生協・東京の形成と現段階

一九六五年、労働組合の若い活動家達が生活の場から社会変革をはじめようと東京都世田谷区で牛乳の共同購入を開始した。当時は市販牛乳のヤシ油混入事件の発生などを背景に牛乳からはじまった共同購入活動は、その後、こうした専従者が中心となって地域の主婦達と連携し、一九六九年、生活協同組合の設立へと進展していった。生活クラブは、一九七〇年代の確立期を経て、八〇年代は「共同購入からまちづくり」へと展開していった。そして、一九九〇年代から「将来の自治体単協化に向けたブロック単協化」の方針を掲げ（第一次長期計画）、すでに九四年から六つのブロック単協制に移行した。その後、二〇〇四年には四ブロック制に再編した。ブロック単協制の導入は、「自治体単協」構想（生活クラブはまちづくりに責任をもつ共同購入生協であるという宣言）が背景にあった。

以下、その画期について、生活クラブの総括文書（「生活クラブ第三次長期計画〈二〇〇〇～〇四年〉」）にもとづき簡単に紹介する。

①第一期（一九六五～八〇年）

この時期は、生活クラブの確立期に当たり、「地域生活者」として同質性を有する主婦層を中心に、「消費材（商品）」の共同購入システムを確立した時期である。大衆社会状況や営利本位の商業主義に対する異議申し立て運動として登場することになる。

②第二期（一九八〇～九五年）

この時期は、いわば発展期に当たり、代理人運動、ワーカーズ・コレクティブ運動、地域福祉運動の広がり、デポー（店舗）や個人班（戸配）の導入などによって、共同購入からまちづくりへと運動が地域に向かって展開していった時期である（第一次長期計画〈一九九〇～九四年〉）。

③第三期（一九九五年～現在）

この時期は、第二次長期計画（一九九五〜九九年）をへて現在に続く転換期に当たり、「地域の人と機能をコーディネートしてまちづくりをリードする生活クラブ運動」をつくりつつある時期である。二〇〇〇年からスタートした第三次長期計画（二〇〇〇〜〇四年）では「一人ひとりが〝個人〟として自己決定しながら生きていくことに価値を置く社会＝私領域の拡充」をめざし、行政単位の単協構想から「まち」構想へと転換している。「まち」は従来の支部であり、ほぼ自治体単位と考えられるが、ブロック単協はより大きな範囲で構想され、六ブロック単協から四ブロック単協（現在の四つの法人単協）となり、自治体毎の単協化は撤回された。その背景には、単協化は大きな自治体ではできるが、小さな自治体では経営的に成立しないという問題がある。「まち」の下には生活圏単位の「地域」が置かれた。

第四次長期計画（二〇〇五〜〇九年）では、めざすべき新しい社会や方向性の概念を「多様性を認め合い、共生の社会」として、キーワードをサブシステンスとリカレントとした。サブシステンスとは、経済優先の価値観ではなく、生命と環境の持続を最優先課題として捉える価値観である。その考え方にもとづく働き方を「サブシステンスワーク」と表現される。リカレントとは柔軟な生き方を可能にするという考え方である。

直近の事業実績については表4-1のとおりであるが、一人当たりの商品利用高は全国に比べ大変高いといえる。

表 4-1　生活クラブ生協・東京事業実績（ブロック単協事業分含む）

項目＼年度	2002 年度		2003 年度		2004 年度	
	実績	前年比%	実績	前年比%	実績	前年比%
組合員数(人)	57,442	105	58,968	102	60,617	102
班配達班数(班)	4,340	91	4,056	93	3,805	93
出資金(万円)	540,776	105	566,415	105	594,257	105
1 人当たり出資金(円)	94,143	100	96,055	102	98,035	102
総利用高(万円)	2,005,571	106	2,064,169	103	2,078,088	101
1 人当たり利用高(円)	29,382	98	29,139	99	28,725	98

出所：生活クラブ生協・東京第 37 回通常総代会議案書から．

(2)　ワーカーズ・コレクティブの展開と地域協同のネットワーク化

以上のように，生活クラブの画期はおおまかに三つの時期に区分できるが，現段階は第三期の仕上げの時期と考えられる。また生活クラブはワーカーズの働き方を「サブシステンスワーク」と捉え，近代的な労働形態であった雇用－被雇用の関係のあり方に対して，経営と労働の一体化という協同組合的な概念をつくりだし，自らの事業体と自分の労働を自主管理するといった働き方を提案している。そして，その事業体の事業内容は，コミュニティの形成，人々の生活を豊かにする事業であり，効率優先の一般労働市場における明確な対向軸として提示している。

そのようななかで，戸別配送業務は一一の異なる「轍」に委託しているが，購買生協とワーカーズの協働的連携が促進されている。生活クラブはワーカーズとの連携について，「戸配の事務局を担う『轍』の比重が高まってきているなか，ワーカーズ・コレクティブは生活クラブとワーカーズという協同組合による協働のこ一方の事業者として存在している。ワーカーズと生活クラブのこの間の実践によって形成してきた協働の蓄積は生活クラブ運動にとって大きな価値を生み出していると同時に今後の協同組合運動の方向性を示すものと考えます。私たちは、この価値を理解しお互い共有するとともに、生活クラブとワーカーズの両者の自立と連携の質を高めていくことが課題です」と述べている。つまり、生活クラブと「轍」との関係は単なるアウトソーシングではなく、パートナーシップ（協働）としての関係であるということが改めて確認されている。

生活クラブから誕生したワーカーズ・コレクティブやNPO法人などの協同組織は、表4-2のとおり二〇〇三年度段階で八〇を超えているが、その活動は多彩であり、地域のなかでワーカーズ同士の協同や社会福祉法人の設立など多様な協同を形成し、さらには地域づくりのネットワーク化が進んでいる。例えば、それぞれのワーカーズの自立を促進させるために、各ワーカーズが資源を結集し、新たに東京ワーカーズ・コレクティブ協同組合が設立された（一九九三年四月、事業協同組合としての法人）。現在、構成団体は、二〇〇五年現在で四九に達しており、共同仕入れ事業、福利厚生事業、教育活動など様々な事業が展開されている。

そもそも東京ワーカーズ・コレクティブ協同組合の前身は、一九八四年にそれぞれのワーカーズが地域を超えた情報交換や交流を目的とした「会長会議」であるが、その後、パン、仕出し弁当、農産加工などの食品関連のワーカーズが設立されたため食材の共同仕入れがはじまった。一九八九年には、①ワーカーズ・コレクティブをつくって働く人たちの「働き方」をより豊かにする、②ワーカーズ・コレクティブの自立を促進する、③社会に対し、「もうひとつの働き方」を積極的にア

表 4-2　生活クラブ生協・東京　ブロック別ワーカーズ，NPO 法人，その他一覧表（2003 年度）

ブロック	名称	事業内容	設立年月
23区南	(企)昼の会・惣	仕出し弁当・各種料理	1985.4
	(企)轍・世田谷	戸別配送業務受託	1988.5
	(企)企画・編集のもの	編集・企画	1991.4
	ベストファイブ	採寸	1991.7
	(企)キッズルームてぃんかあべる	世田谷区保育事業受託	1999.3
	NPO 法人ゆりの木	たすけあい	1995.5
	(企)スペース・轍	戸別配送業務受託	1996.10
	NPO 法人ビオラ	たすけあい	1998.3
	ザ・事務局ワーカーズ	東京ワーカーズ業務受託	2002.10
計 10	NPO 法人もも	たすけあい	1996.3
北東京	(企)みち	仕出し弁当・各種料理・店売	1984.5
	(企)轍・大泉	戸別配送業務受託	1988.5
	NPO 法人ふろしき	たすけあい	1992.11
	NPO 法人エプロン	たすけあい	1994.9
	(企)轍・せぷと	戸別配送業務受託	1994.12
	まめ	クッキー製造・店舗販売・卸	1984.4
	(企)轍・いたばし	戸別配送業務受託	1994.9
	NPO 法人あやとり	たすけあい	1996.3
	NPO 法人ひよこ	たすけあい	1993.4
	NPO 法人ぱれっと	たすけあい	1995.3
	NPO 法人さざんか	たすけあい	1996.3
	NPO 法人むすび	たすけあい	1999.6
	保育室モモ	杉並区保育事業受託	2001.11
	オレガノ	ライフ&シニアハウス食事づくり受託	2001.6
	つみき	たすけあい	2003.2
計 16	ひぐらし	ライフ&シニアハウス食事づくり受託	2003.6
多摩きた	(企)結女	デイサービス昼食・高齢者食事サービス	1993.5
	NPO 法人ハミング	たすけあい	1993.5
	(企)翔	仕出し弁当・食事サービス	1989.10
	エコロ	企画・物販	1992.4
	NPO 法人そよかぜ	たすけあい	1998.3
	(企)欅	パン製造・店舗販売・卸	1993.4
	(企)ぐれいぷ	パン製造・店舗販売・卸	1987.1
	健康体操指導	健康を維持する体操の指導普及	2002.6
	NPO 法人どんぐり	たすけあい	2001.10
	NPO 法人すてっき	たすけあい	1994.4
	(企)とまと	仕出し弁当・店売	1995.4
	(企)ラ・ママン	パン製造・店舗販売・卸	1989.9
	生活工房まちまち	編集・企画・調査	1992.4
	NPO 法人ぽけっと	たすけあい	1993.2

	NPO 法人ぽけっと富士見	たすけあい	2003.9
	(企)轍・東村山	戸別配送業務受託	1994.6
	(企)グレイン	パン，製造・店舗販売・卸	1996.3
	NPO 法人ほっとわあく	たすけあい	1993.10
	(有)歩	クッキー製造・店舗販売・卸	1984.6
	NPO 法人らいふえいど	たすけあい	1998.1
	NPO 法人あくしゅ	たすけあい	1994.12
多摩きた	NPO 法人大きなかぶ	たすけあい	1995.3
	草の実	協同村管理運営受託	1995.5
	NPO 法人くわの実	たすけあい	1995.9
	NPO 法人のぞみ	たすけあい	1996.2
	pot pot	菓子製造販売・飲食店・企画	2000.10
	轍・ゆにてぃ	戸別配送業務受託	2001.3
	ぶるうべりい	デポー委託販売	2004.9
	轍・ケイアッシュ	戸別配送業務受託	2005.4
	風ぐるま	たすけあい	2004.4
計 31	パステル	たすけあい	2005.3
	COSMOS	パン製造・店舗販売・卸	1989.9
	花結び	仕出し弁当・各種料理	1989.9
	菜祭	予約販売	1989.9
	NPO 法人市民ユニット　りぼん	たすけあい	1993.4
	NPO 法人くるみ	たすけあい	1994.4
	NPO 法人食事サービス加多厨	食事サービス	1995.9
	喜樹	リサイクルショップ	1998.9
	NPO 法人 Be すけっと	たすけあい	1994.6
	(企)凡	農産加工品製造・卸売・販売	1984.5
	(企)轍・あい	戸別配送業務委託	1990.4
多摩南	NPO 法人菜の花	高齢者食事サービス	1991.3
	NPO 法人町田	たすけあい	1993.2
	NPO 法人つむぎ	たすけあい	1993.11
	風	軽食喫茶・受託事業	1998.5
	(企)クイーンズ	仕出し弁当・食事サービス	1984.5
	NPO 法人なかよし	たすけあい	1993.9
	NPO 法人こもれび	たすけあい	1993.12
	NPO 法人はこべ	たすけあい	1994.4
	(企)轍・サンズ	戸別配送業務受託	1995.9
	(企)椀もあ	仕出し弁当・各種料理	1995.2
	NPO 法人ぽ・ぽ	たすけあい	1996.5
	轍・えん	戸別配送業務受託	2001.4
計 23	かみつれ	デポー委託販売	2004.10
	総合計　80 団体		

出所：生活クラブ生協・東京第 37 回通常総代会議案書から，下線はワーカーズ・コレクティブ「轍」.

ピールする、の三点を目的に「ワーカーズ・コレクティブ連合会」を設立した。そして、一九九三年には、仕入れ事業が拡大するなかで、事業協同組合「東京ワーカーズ・コレクティブ協同組合」に組織の変更を行った。

以上のように、ワーカーズ・コレクティブの展開と地域でのネットワーク化は、母体である生活クラブとの関連やワーカーズ同士のネットワーク化が進行し、地域づくりへ向かいつつあるといえる。

4 「轍グループ」の現状と生活クラブとの協働

(1) 「轍グループ」の現状

「轍グループ」は、現在一一の組織の異なるワーカーズ・コレクティブ「轍」で構成されているが（表4-3）、戸配を中心に、生活クラブの全事業高の五〇％強を受託している。人員体制は、「轍グループ」全体でメンバー一四一名、アルバイト（長期）五二名、合計一九三名となっている（二〇〇五年一一月現在）。近年の「轍」のメンバーは草創期と異なり組合員からというよりも一般労働市場からの採用が多い。

生活クラブと「轍」は単なる委託・受託の関係ではなく、「ワーカーズ・コレクティブ『轍』と生活クラブ生協・東京という協同組合間連携でつくる『協同事業』」と捉えられている。「轍」は、

表4-3 「轍グループ」の組織の概要（2005年11月現在）

ブロック名	組織名（センター）	設立年月	メンバー数	アルバイト数	車両保有台数
23区南	(企)世田谷(世田谷)	1988.5	18	7	10
	(企)スペース(大田)	1996.10	11	4	8
北東京	(企)大泉(大泉)	1988.5	13	5	13
	(企)せぷと(練馬)	1994.12	14	3	10
	(企)いたばし(板橋)	1994.9	23	0	10
多摩きた	(企)東村山(東村山)	1994.6	10	6	9
	ゆにてぃ(青梅)	2001.3	6	1	0
	(企)ケイアッシュ(小平)	2005.4	14	3	5
多摩南	(企)あい(町田)	1990.4	13	11	9
	(企)サンズ(調布)	1995.9	11	7	7
	えん(多摩統合)	2001.4	8	5	0
合計	11		141	52	81

※（センター）は生協の共同購入センター名，（企）は企業組合.
出所：生活クラブ生協・東京第37回通常総代会議案書，「轍グループ」第2次長期計画「資料」をもとに筆者が作成.

経済的自立を目標にその多くは「企業組合」という法人格を取得しているが、この五年間で事業高は約二倍増加しており、経済性は向上しつつある（表4-4）。

「轍」のメンバーは、戸配組合員が急増したため、業務量とメンバーへの肉体的負荷が増加し、男性の割合が増えてきた。実は、男性メンバーが増えたことで、職場の雰囲気は変わり、一コース当たりの配達効率も向上してきた。女性メンバーは、生活クラブ生協・東京の組合員だった人は今や半数に過ぎず、生協での組合員活動経験者はゼロに近いのが実態である。

(2)「轍グループ」の位置と事業高の推移

生活クラブは二〇〇〇年からスタートした第三次長期計画（二〇〇〇〜〇四年）のなか

表 4-4　「轍グループ」事業高の推移

（単位：千円）

組織名	2000 年	2001 年	2002 年	2003 年	2004 年
世田谷	58,154	73,317	68,750	79,199	91,403
スペース	38,070	48,390	46,370	49,500	49,360
いたばし	24,180	40,856	54,922	71,172	79,068
せぷと	28,517	38,948	46,894	51,724	64,790
大泉	55,120	57,630	62,710	65,560	71,840
ケイアッシュ	64,788	82,023	76,543	77,897	55,585
東村山	38,257	47,561	39,108	42,454	46,866
ゆにてぃ	−	6,627	10,261	12,145	13,315
サンズ	20,656	27,223	48,173	45,767	55,602
えん	−	10,213	20,681	27,517	31,759
あい	44,334	51,378	61,281	63,138	66,764
合計	372,076	484,166	535,693	586,073	626,352

出所：「轍グループ」第 2 次長期計画「資料」から．

で、「轍」は「生活クラブの職員と並ぶ事務局の主体」と位置づけをした。それを受け、「轍グループ」は、自分たちも組織の方向性や目標が必要と認識し、二〇〇〇年、「轍中長期計画」をはじめて策定した。

「轍グループ」の事業高は、配達供給高の受託料の総和であるが、図4-1のとおり、戸配が増加傾向にあるため、毎年増加している。

二〇〇二年四月末には、戸配組合員数が班配達の組合員数を上回り、もはや戸配はサブシステムではなく、生活クラブのメインシステムになってきており、総合的な見直しをせまられた。そしてメインシステムとなった戸配業務を委託されている「轍グループ」の方向性と能力は、生活クラブの今後に大きな意味を持たざるを得なくなってきた。

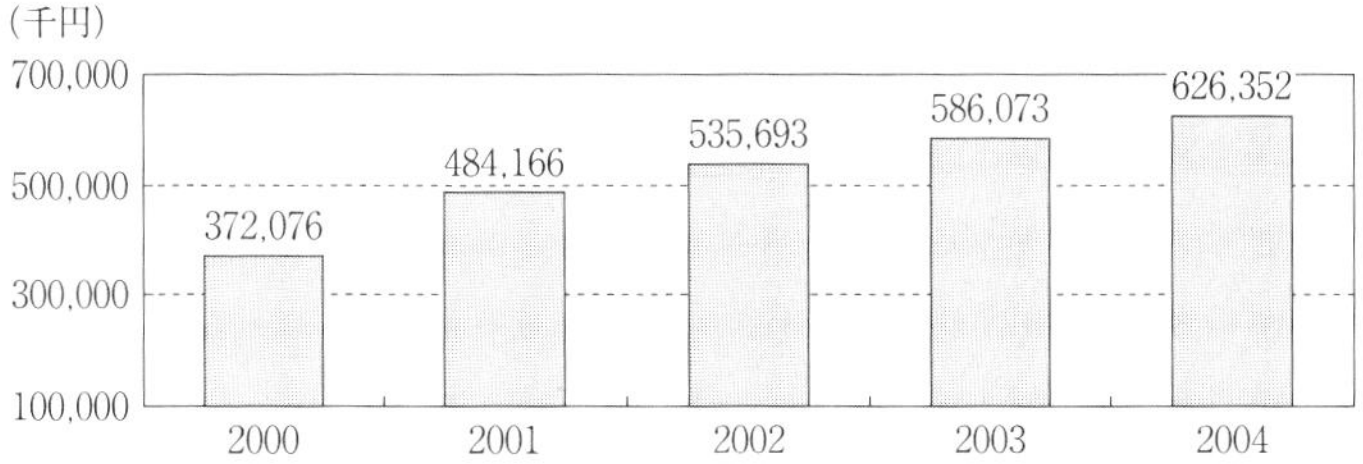

出所:「轍グループ」第2次長期計画「資料」から.

図4-1　「轍グループ」事業高推移

(3)「轍グループ」と生活クラブとの協働関係

「轍グループ」は戸配組合員激増が一段落した二〇〇二年六月に「轍中長期計画」を二年振りに総括し、改めて「中長期計画改革案」を決めた。改革案では、事業の発展的継続や、経営や業務の場での生活クラブを支えていく事業体としての判断基準が決められた。また組織能力を高めるため、組織運営、利用促進、安全運転、業務管理、組織マネジメントなどの評価システムを導入した。それによって、「轍グループ」は生活クラブと方向性を共有化し、生活クラブと合意した目標は必ず達成するという契約上の「約束」ができる組織をめざすこととした。

さらに「轍中長期計画」の新しい方針では、①生活クラブとのパートナーシップ関係をめざす、②「轍」独自のフィールドを生かした〝生活クラブ事務局〟として機能する、③「轍」独自の機能を生かし、利用から参加を促す生活クラブ組織運営業務、などを決めており「轍」の独自色がにじんでいる。

「轍グループ」と生活クラブとの協働関係は、この間「轍グループ」のメンバーの意識を変えた。二〇〇三年実施されたアンケートによれば、「轍」の働く目的のなかに、生活クラブ運動を進めるという目的が「ある」と答えた人が八一・六%と非常に高く、特に男性を含めた加入五年未満のメンバーも生活クラブに共感をもって仕事をしている。なかでも消費材(商品)に対する思い入れを持って利用を進め、組合員に対する責任をまっとうし信頼をつくり上げていきたい、組合員に喜ばれることを「轍」での仕事の喜びにしたいという気持ちを八二%のメンバーが持っている。それは、仕事を通じて身につける生活クラブの思想やマインドがそうさせているのであろう。また、「轍」への加入歴は五年以上が五四人(四三・二%)、五年未満七一人(五六・八%)であり、経験年数は全体として浅く、組織としてはまだ未成熟である。「轍」への加入動機は、当初は働いて収入を得る人が九一人(七二・八%)、その九一人中半数以上の四八人の人が気持ちの変化が起こり、さらにその内二四人が生活クラブ運動、ワーカーズ運動へ動機が変わったと答えている。

5 「轍」・大泉の事例

(1) 北東京生活クラブ・大泉センターの概要

生活クラブ生協・東京は現在四つのブロック単協(二三区南、北東京、多摩きた、多摩南)で構成されているが、「轍」・大泉は北東京生活クラブ生協の大泉センターに所属する。北東京生活クラブ生協は現在四つの共同購入センター(班、戸配)が存在する。二〇〇四年度の実績は、供給高五

四億九七二七万九千円、経常剰余金七四八万円（〇・一％）、班組合員六〇八九人（前年六七六九人）、戸配組合員一万一一二一人（前年一万二五三人）、合計一万七二一一人（前年一万七〇二二人）であった。

四つの共同購入センターの一つが大泉センターであるが、大泉センターは一九七六年一一月に開設された。同センターの二〇〇四年度末の班組合員は一四四五人（前年一五八九人）、戸配組合員二九七九人（前年二八一二人）、合計四四二四人（前年四四〇一人）である。

「轍」・大泉はこの大泉センターの戸配組合員の配達を一九八八年から受託している。

(2)「轍」・大泉の形成

①背景

生活クラブは、一九八二年以来、女性達中心のワーカーズ運動を展開してきたが、パート労働を否定してきたこともあり、また生活クラブに組合員・事務局以外の労働をつくるという視点もあって、戸配はワーカーズへ委託という選択からはじまり、組合員が戸配導入を進め組織化した地域に、組合員自らが戸配をしていく、という方向で広がってきた。またそのシステムは外部委託ではなく内部で構築していくということに徹してきた。

②「轍」・大泉の形成過程

「轍」・大泉は、一九八八年五月に設立され、生活クラブの戸配部門において、最初に連携したワーカーズ・コレクティブであり、当初から北東京生活クラブ生協の大泉センターの戸配を受託してきた。

一九八四〜九四年は組織としては法人ではなく任意の段階であり、また配達エリアも限定的でありまだ実験システムであった。一九九四年ワーカーズ法がないなか、労働条件の整備や社会的認知を考慮し、法人格として中小企業等協同組合法にもとづく企業組合を取得し、配送業として届けを出し、社会保険など労働環境を整備した。「轍グループ」のなかでは「大泉」が一番最初に企業組合を取得した。

(3)「轍」・大泉の現状

①組織・事業概要

「轍」・大泉の二〇〇四年度末の出資金は一五九万円となっている。組織の体制は、男性一二名（内アルバイト四名）、女性八名（内アルバイト二名）、事務アルバイト（女性）一名の合計二一名＋理事長である。

運営は、年一回総会、理事会は月一回（運営会議、経営会議も兼ねる）、リーダー会議（月二回、六名、運営会議への提案検討）、運営会議（月二回、全員、経営・運営・業務の検討決定機関）となっている。

メンバーは、草創期には組合員が多かったが、現在では男性も多くバランスがとれている。メンバーは配達＋組織運営が主たる任務であり、アルバイトは配達のみである。近年男性が増加傾向にあるが二つの理由が考えられる。一つは、組合員数が増えて総利用高は上がってきたが、世帯当りの利用は低下し経営効率は下がってきたため、労働時間が増え、結果として男性が増加してきた。二つは、配達担当コースでの目標設定をすることなどが挙げられる。すなわち、配達担当業務は、配達を通じ「大切な組合員と直接関わり、生活クラブの価値を伝えて利用を上げ、活動参加を促す重要かつ戦略的な仕事」に変わりつつあり、さらにはマネジメント能力、個人対応能力、目標達成意欲、安全運転などが要求されてきており、組合員自身が対応するには無理が生じてきているからである。

事業実績は前掲表4-4のとおりであるが、戸配の伸びと並行し、増加傾向にあり、二〇〇四年度は七一八四万円であった。

②業務概要

配達業務は表4-5のとおりであるが、平均四年間位は同じメンバーが同じエリアを配達するようにしているので、メンバーは組合員と顔馴染みになりコミュニケーションもとれ、地域のこともよく理解できるようになる。メンバーは、配達先の約三分の二は在宅であり、そのほとんどに声を

表 4-5 「轍」・大泉の日常業務のモデルと経済性

・配達日……月～金の週 5 日（祝日も配送）である．休日は土・日の他，年 3 回（年末年始，5 月ゴールデンウイーク，盆）の 9 連休．

・配達モデル…AM（8:00～9:20）積み込み．AM（9:20～11:30）30 世帯配達，積み込み，PM（13:30～15:30）30 世帯配達．週 5 日の配達日の内，半日×2 回は内部の組織運営業務に当てるため配達はなし．1 担当者の受け持ち世帯（組合員）は平均 1 日 60 世帯×4 日＝240 世帯．

・経済性……1 担当者の 1 カ月の供給高は約 640 万円，年平均 7,700 万円．

出所：ヒアリングをもとに筆者が作成（2006 年 1 月）．

かけている。元気に挨拶をし、楽しく会話している姿はまさに一対一のコミュニケーションの場となっている。

「轍」の業務における最大の課題は、組合員一人当たりの商品利用高をアップし、コース当たりの経済性を高めることである。メンバーはまず組合員との信頼関係をつくり、組合員の立場でニーズを聴き、組合員一人ひとりに合った商品を薦めることを心掛けている。「轍」独自で定期的に実施するギフトの供給促進などでは、組合員委員に添乗してもらってお薦めをしてもらうこともある。また継続利用を目的に新規加入者に対して加入後約半年間フォローをしている。

配達担当者は、週のうち半日×二回は配達がなく、内部の組織運営業務や倉庫作業に当てている。また運営や業務に関する会議・ミーティング・学習会・研修などが週に一～二回夜に開催される。

二〇〇一年度から、メンバーのレベルアップと成果を上げるため、チーム活動を実施している。現在は、安全運転、物流・倉庫、供給促進、ＳＬＡ（新規加入者フォロー）、事務、人材開発、コース管理・分析、コースマネジメントの八つのチームが編成されている。

コース当たりの経済性は、表4-5のとおりであるが、全国と比較して、一担当者の配達日数が少ない割りには善戦しているといえる。

配達担当者のコース当たりの経済性は「配達（班配達または戸配）数×一カ所当たり平均利用金額（一人当たりの利用高×利用人数）」を高めることであるが、組合員とのコミュニケーションを取りながら経済性を高めるためには、利用人数を増やすか一人当たりの利用高を高めるしかない。とりわけ一人当たりの利用高を高める取り組みは、「組合員のくらしへの役立ち度」を高めることにつながるため重要視されている。

③「轍」・大泉と生活クラブとの現場における連携

「轍」・大泉のメンバーは個人個人が自立し、物事を主体的に考え仕事に対しても前向きであり、組合員の一人当たりの利用高アップに力を入れているが、生活クラブの職員はその影響を受けている（センター長）。

生活クラブと「轍」・大泉との仕事の連携は、特にコープ共済のキャンペーン時に行うことが多い。具体的には、生活クラブの職員と「轍」のメンバーの混合チームを編成し、一緒に行動していくことで成果を上げている。二〇〇六年一月のコープ共済「冬のキャンペーン」では、表4-6のように編成を組み、全体の推進リーダーをそれぞれから一名ずつ選出した。

表 4-6　コープ共済「冬のキャンペーン」(2006 年 1 月) のチーム編成

	Team Ken	黄門御一行チーム	ミッちゃんと一緒	チーム UEHAR
生活クラブ職員	正職(男)1 名 アルバイト(女)1 名	正職(男)1 名 アルバイト(女)2 名	正職(男)2 名 アルバイト(男)1 名	正職(男)1 名 アルバイト 1 名
轍メンバー	メンバー(男)2 名 (女)2 名	メンバー(男)4 名 (女)1 名	メンバー(男)3 名 (女)2 名	メンバー(男)4 名 (女)1 名
合計	6 名	8 名	8 名	7 名

出所：北東京生活クラブ生協・大泉センターの共済キャンペーン資料から.

日常的には「轍」の目標と生活クラブの目標は別々に存在し、自らの組織の目標達成を最優先して事業活動を行っているが、共済キャンペーンのようにテーマによっては「轍」目標達成＝生活クラブ目標達成と考え、より効果的に促進させるため一緒に取り組んでいる。

④労働条件と人材育成

労働時間は通常午前八時から午後六～八時頃までとなっているが、賃金を含め労働条件は改善の方向にある。

「轍」の人材育成の基本はＯＪＴであるが、独自に〝ワーカーズ・コレクティブ「轍」に求められる「一二の能力・姿勢」〟を策定し、その項目に沿って人材育成が行われている。その内容は、①実務内容をきちんと理解しミスなく実行する、②実務・経営能力で組合員に信頼される、③マネジメント能力がある、④経営視点がもてる、⑤問題発見・解決能力をもつ、⑥目標にこだわり達成する、⑦常に業務上の効率を考える、⑧仕事の結果を重視する、⑨任された仕事上の責任をまっとうする、⑩組合員に対し誠実な対応をする、⑪主体的に業務する、⑫組織目標を個人目標にできる、である。

6　生活クラブと「轍」の協働の意義

(1)　生協労働とワーカーズ労働（協同労働）の結合とその効果

ワーカーズの労働は、人間の根源的な働き方といわれているサブシステンスワークの先駆的実践として捉えられている。一方、生協労働は本来組合員の家庭内労働の補完・補助としての専門労働であり、生活支援労働（サポートワーク）であるが、内実はサブシステンスワークに類似する。しかし、近年生協労働の実態は、部署間の連携や組合員との関係が弱まり、サポートワークとしての機能が低下傾向にあるため、生協労働とワーカーズ労働が同じ職場で展開されるということは、ワーカーズの働き方が生協の働き方へ影響し、本来のサポートワークとしての生協労働が復活する可能性がでてきたといえる。

(2)　生活クラブと「轍」の協働と生協運動の更新の可能性

生活クラブと「轍」との協働は、購買生協が様々な困難に直面しているなか、ワーカーズは小規模ながら着実に発展し購買生協へ影響を与え、全体として生協運動が前進してきているということを提示している。

また両者は、それぞれは自立した事業体であるが、同じ職場における協働であるがゆえに影響の度合いは相当高く、生協運動の更新が絶えず繰り返されることが想定できる。

(3) 運命共同体的協働関係の形成と相互発展

生活クラブは、戸配需要が急増するなか、全事業高の五〇％強の配達を「轍」に依存しているが、「轍」の方も生活クラブ運動の発展なしには自立できないという関係であり、双方は今や対等平等な運命共同体的協働関係にあるということができる。

そのような協働関係であるがゆえに、双方はお互いの持続発展のため、それぞれの立場で主張や提言をしていくことになる。例えば、生活クラブは一一の異なる組織で構成されている「轍グループ」に対して、バラバラだとシステムが組みにくいため、組織の水準のアップとレベルの統一を求める。一方「轍」は生活クラブ運動と事業の発展のため、方針や政策についても、組合員との接点で学びとったくらしの声にもとづいた提案を発信していく。以上の連続が、双方の発展をより促進させ、信頼関係を一層強化していくことにつながる。また現場においては、共済キャンペーン時のように生活クラブの職員と「轍」のメンバーは混合チームを編成し、相乗効果を発揮している。

また二〇〇七年八月から、生活クラブと「轍」の経営トップ同士の正式な協議の場である「轍・生活クラブ経営協議会」がスタートした。「経営協議会」では、経営レベルでの課題解決や、より協働関係（パートナーシップ）を強め協同組合間のコラボレーションが生み出す新しい価値の創造に向け、協議が進められている。

(4) 協同労働と組合員との協同関係の再生

共同購入事業において、組合員の声が集中して集まるのは配達現場である。それゆえ現場において組合員の声をキャッチアップできる条件を準備することは極めて重要である。しかし、全国的には配達担当者は時間に追われ、組合員とのコミュニケーションをとる機会が縮小し、組合員のくらしや声に寄り添うことができにくい状況にある。

一方、「轍」は、自分達の組織の事業収入が生活クラブの供給高（組合員の利用高）に比例するという背景もあり、配達時において組合員とのコミュニケーションを最優先し、一人ひとりの組合員に寄り添い、関係性の蓄積を重視している。さらには、メンバーは組合員の利用状況の把握にも努め、組合員への役立ち度を一層高めるため、利用促進を仕事の最重点課題としている。毛利敬典氏は、いくつかの購買生協の調査から、「配達担当者と組合員との関係性と利用高には相関関係がある」(4)ことを提示しているが、「轍」の実践はまさにその挑戦であり、その取り組みは生活クラブの職員にも影響を与えつつある。こうして、配達は単純な定型業務レベルではなく、組合員との協同関係を再生しながら、高度な協同労働として進化しつつあるといえる。

7 「轍」の課題

(1) 「協同事業」としての主体形成

「轍グループ」は、生活クラブの第四次長期計画を達成するために、個々のメンバーの力量を高め全体の水準をアップすることが求められている。そして、現在組織の異なる一一の「轍」で構成されている「轍グループ」は、それぞれの到達水準が大きく乖離し、運営方法やメンバーの力量も大きく異なっているため、組織水準向上と統一化が課題となっている。そこで二〇〇五年度から検討されてきたのが、生活クラブの協同事業の主体となるための組織統合である。

(2) モチベーションの向上

「轍」のメンバーの構成は、戸配の増加とそれにともなう仕事の質の変化により、草創期に比べ男性や一般労働市場からの採用が増加傾向にある。そのため勤続年数の少ないメンバーは生活クラブの組合員のくらしや地域の状況が把握できていないという実態や関心が薄いという現状もある。そのような状況を克服していくためには生活クラブ運動への理解とモチベーションを絶えず高めていく努力が重要な課題となる。

(3) 経営基盤の強化

この間、「轍」の事業高は増加傾向にあり、損益構造は改善の方向にあるが、財務構造は依然脆弱である。メンバーが将来夢と希望をもって働ける条件を整備するためにも、財務構造を改善し、経営基盤を強化することが早期に求められる。

8 まとめ

(1) 「轍」の性格と関連の方向性

生活クラブから誕生した「轍」の性格は、「出資・労働・運営（経営）」の三原則で運営され、法制化は実現していないものの、「新しい協同組合」ということができる。

現在、「轍」は、生活クラブと運命共同体的協働関係にまで進展しており、その協働関係は、くらしや地域における関係的世界を大切にした人間らしい「新しい生き方・働き方」や協同労働を醸成させ、相互に影響し合い、持続的発展を担保しつつある。

購買生協とワーカーズの関連は、全国的にはまだ大きな広がりは見せていないが、生活クラブと「轍」の協働の関連は、購買生協の新たな方向性をさし示すものであり、新たな生協像の模索といえる。

(2) 生活クラブと「轍」の関連

「轍」は、もともとは生活クラブを出自としているが、現在では中小企業等協同組合法にもとづく「企業組合」として独立し、戸配の受託を主たる業務としている。生活クラブと「轍」の関連は、購買事業機能の外部化の協同組合化であり、独立した組織同士の対等平等な協働関係である。現在、「轍」は生活クラブの全事業高の五〇％強を受託しており、両者の関連は今や分離できない状態にまで進展している。

注

(1) Carlo Borzaga and Jacques Defourny, The Emergence of Social Enterprise, 2001. C・ボルザガ、J・ドゥフルニ編『社会的企業』(内山哲朗、石塚秀雄、柳沢敏勝訳) 日本経済評論社、二〇〇四年、八ページ。
(2) 他の章では「個配」と表現しているが、生活クラブは「戸配」という表現を使っているので、以下生活クラブに関する文章は「戸配」と表現する。
(3) 西村一郎『雇われないではたらくワーカーズという働き方』コープ出版、二〇〇五年。
(4) 毛利敬典「組織風土とマネジメントの視点から共同購入を考える」(くらしと協同の研究所編『進化する共同購入』コープ出版、二〇〇五年、一一二ページ)。

第五章　共立社・鶴岡生協と「虹」

1　はじめに

全国の購買生協はそれぞれの地域で組合員の要求の実現と経営基盤の強化をめざし、地域連帯や組織統合（合併）を推進してきた。さらには、一九八〇年代後半から県域を超えた「リージョナル事業連合」[1]が形成されてきた。そのようななかで、山形県の生協共立社は、組織統合にあたっては、全国のやり方とは異なる「連邦制」をとり入れ、さらには地域のなかで医療生協や諸団体と連帯し「地域協同組合連合」を形成してきた。

生協共立社は、一九七九年に鶴岡、新庄、北村山の三つの地域生協により連邦制をとり（第一次共立社）、一九八四年には酒田、山形、天童が参加し（第二次共立社）、さらには南陽、寒河江、西置賜、よねざわが加わり、現在山形県下一円の一〇の地域生協で構成された生協法人である。生協共立社は、一番古い歴史を持つ共立社・鶴岡生協以来、一貫して運動と事業を一体化させ、「共同の力でよりよい生活をつくるりあげること」（設立趣意書）を目的に、高齢化や経済の空洞化が進行するなかで、「よりよい暮らしと安心して住める地域社会づくり」に取り組んできた。

この間、共立社・鶴岡生協は、同じ地域で活動している庄内医療生協や社会福祉法人山形虹の会などの協同組合や協同組織と「地域協同組合連合」を形成し、福祉や医療の領域におけるニーズに対して、積極的に取り組んできた。「連合」は、常に組合員のくらしや地域から発せられる声にもとづき対応しているが、その実現に向けては自分たちの組織の枠にとどまらず他の協同組合や協同組織と積極的に協同していくところに最大の特徴がある。

そして、二〇〇四年四月、「連合」を媒介に、共立社・鶴岡生協や庄内医療生協などの六つの組織が共同出資し、「いつまでも安心して住みつづけられる街づくり」の実現をめざして、庄内まちづくり協同組合「虹」を発足させ、ケア付高齢者住宅の建設や給食・配食などの事業を展開してきた。「虹」は、中小企業等協同組合法にもとづく「事業協同組合」であるが、その活動領域や高い公益性から「新しい協同組合」といえる。

このように、「虹」は、共立社・鶴岡生協を軸に構成されている「連合」を媒介にして誕生したが、共立社・鶴岡生協と「虹」との関連は、地域のなかで新たな協同を再生しつつある。

本章は、「地域協同組合連合」の中心的存在である共立社・鶴岡生協の歴史と「地域協同組合連合」を媒介にして形成された庄内まちづくり協同組合「虹」の実践を整理し、その関連と意義について考察する。

2　庄内地域の概況

(1)　位置

山形県は県内の中央を南下する出羽丘陵によって大きくは林山地方と庄内地方に二分されている。したがって両地方は、自然環境も違い、歴史的に見ても経済交流や文化の流れも、独特な特徴を持っている。

庄内地方は、山形県の日本海側に面し、出羽三山などの山々にも囲まれ豊かな自然に恵まれた地域である。また庄内平野は日本有数のコメの穀倉地帯であり、日本海で水揚げされるサクラマスや岩ガキなどの海産物も全国で高く評価されている。

(2)　人口動向

一九八九〜二〇〇〇年の一〇年間で、庄内地域の人口は酒田市（二一五人増）と鶴岡市（八三八人増）以外は減少傾向にあり、全体で八六〇四人減少し、町が一つなくなったのと同じという深刻な状況で推移している。高齢化率もこの一五年間（一九八九〜二〇〇四年）で九〜一二％アップしている（鶴岡市一九八九年高齢化率一五・四％→二〇〇四年同二四・四％、アップ率九・〇％ポイント）。一方世帯数は逆に伸長しており、独り暮らしや二人暮らしの高齢化世帯が増加傾向にある。

(3) 産業構造の変化と労働人口の推移

庄内地域の基幹産業は歴史的に第一次産業であり、コメを中心とする農業、庄内浜中心の漁業、それに畜産と林業であった。そして、第二次産業でもその豊かな原材料を使った食品加工がトップを占めていた。しかし、一九九〇〜二〇〇〇年の一〇年間で農家総数は二〇％減少しており、兼業農家は一九八五〜二〇〇〇年の一五年間で半減している。一時期、鶴岡周辺に工業団地ができ、第一次産業を離れた人々を吸収できた時期もあったが、その後企業の海外進出が相次ぎ、現在では県内の就労者は減少傾向にある。

労働人口は、第一次産業は一九九五年二万一五六二人→二〇〇〇年一万七六一一人（三九五一人減）、第二次産業は同六万二〇八人→同五万七三九九人（二八〇九人減）、第三次産業同八万八一三八人→同八万八〇九人（六七一人増）、総数同一六万九九〇八人→同一六万三八一九人（六〇八九人減）で推移している。

(4) 雇用情勢と所得

一九九〇年代は産業の空洞化が進行し、二〇〇一年の有効求人倍率は〇・五六（全国〇・五九）と低迷した。就職内定率も低水準で推移し、二〇〇二年一〇月現在、就職内定率は四七・四％（内県内就職希望者内定率は三八・七％、県外就職希望内定率は六五・九％）であった。県内と県外の就職希望内定率が倍近い差があることは県内の雇用情勢の厳しさをうかがわせる。

所得は、ここ二〇年間は全国比八五％前後で推移しており、一九九九年の庄内地域平均は二五二・七万円（全国市町村平均二六五・二万円）と低い（全国三三位）。鶴岡市以外の町村は農業が中心の経済構造であり、特に羽黒町はコメに加えて庄内柿の一大産地であるが、コメも柿も価格は低迷し、収入は大幅に後退している。

以上の状況から考察すると、地域活性化の最大のポイントは第一次産業の再生とそれらを利用した食品加工産業の振興といえる。また「いつまでも安心して住みつづけられる街づくり」を実現していくためには、地域経済と地域生活の一体化と持続性が重要なカギを握るといえる。

3　生協共立社の概要

(1)　共立社構想と組織

「共立社構想」とは、簡単にいえば「連邦制による単一生協化」ということで、各生協が協同で一つの新しい生協をつくり、各生協は連邦として参加するということである。新しい生協は統合された大きな力を発揮して個々の生協ではできない要求を実現していくが、それぞれの地域と組合員の自主性は大事にされる。この統合方針は、一九七九年の県連総会で採択された「県連第一次中期計画」で公式に明らかにされたが、「連邦制」をとる考え方は突然出てきたものではなく、二〇有余年の共立社・鶴岡生協の運動の歴史のなかで、特に一九七〇年代からの県内各地での生協組織支援活動において、生活・文化の異なる地域間連帯の望ましいあり方を模索する過程で形成されてきた。

鶴岡生協は、一九七九年、定款を変更して「生活協同組合共立社」と名称を変更し、地域センターであった新庄と北村山の両生協を包含し、連邦制の第一歩を踏み出した（第一次共立社）。その後、一九八四年には酒田、天童、山形の地域生協が参加して第二次共立社となり、さらには南陽生協、寒河江生協、西置賜生協が発足し、二〇〇五年五月にはよねざわ生協が加わり県内一〇の地域生協からなる共立社連邦となり今日に至っている。

生協法にもとづく法人は生協共立社のみであり、一〇の地域生協は任意である。生協共立社の理事会の構成は一〇の地域生協から規模の大小に関係なく二～三名が法人理事として選出されている。そして、一〇の地域生協においては二～三名の生協共立社法人理事を含め地域理事会を組織している。組織運営の流れは、班会（任意）⇕班長会（年四回）⇕コープ委員会（月一回）⇕地域理事会（月一回）⇕生協共立社理事会（年六～七回）となっている。

「共立社」という名称は、一八七九年日本ではじめてロッチデール原則による協同組合づくりを先駆的に実行した「共立商社」にちなんだもので、連邦制という日本の生協運動史上、全く経験したことのない新しい統合を開始する決意を込めてつけられたものである。

(2) 事業概要

生協共立社の二〇〇五年度の事業概要は、組合員数一一万七六一〇人、エリア内組織率三〇・四%、事業高二〇四億八七〇六万円（構成比は店舗六九・一%、共同購入二六・六%、灯油四・三%）であった（表5-1）。以上は一〇の地域生協の合算であるが、本章の対象となる共立社・鶴岡生協の二〇〇五年度の事業概要は、組合員三万四九一七人、班数一五五三班、出資金九億六六一六万円、供給高七五億一六七〇万六千円、組織率（鶴岡市）七二・一%であった。

表5-1　生協共立社2005年度事業概要

	総合
組合員（人）	117,610
班数（班）	10,901
出資金（千円）	2,967,960
供給高（千円）	20,487,055
経常剰余（千円）	77,690
組織率（%）	30.4

出所：生協共立社第27回通常総代会議案書から．

(3) 特徴

生協共立社の特徴については、大高研道氏が次のように整理しているので引用する(2)。①共立社は、組織的には一つの経済事業体として連帯しつつも、運営は各地域生協の地域性を尊重するという連邦制（地域生協間協同）の試みである。当時、「連邦制による単一生協」の構想を打ちだした故佐藤日出夫元理事長は、生協運動が抱える普遍的な課題は、「事業」と「運動」

表 5-2　共立社・鶴岡生協：運動の組織化

新聞料金値上げ反対運動（1959 年）⇒家計簿グループ
小児マヒ問題対市交渉運動（1960 年）⇒育児グループ
物価値上げ反対運動（1962 年）⇒物価研究グループ
新潟地震での支援運動（1964 年）⇒庄内医療生協設立準備会
キッコーマン値上げ反対運動（1967 年）⇒商品研究グループ
ダイエー進出反対運動（1976 年）⇒地元産業提携センター
法律，教育相談室の設置（1977 年）⇒教育活動センター
地域づくりと子育て・文化協同全国交流研究集会（1990 年）⇒「庄内地域づくりと子育て・文化協同の会」他

出所：大高研道「協働による地域の自律」（中嶋信・神田健策編『地域農業もうひとつの未来』自治体研究社，2004 年）から．

の二つの側面の統一であると指摘する[3]。そして、それらを具体的に実現するために、事業は単一運営による規模のメリットを追求し、運動はより地域に根ざしたものにするため「分化」することが肝要である。まさに「外に大きく、内に小さく」である。②また地域住民は、地域に根づいた生産・生活文化を土台に暮らしを営み、そこから発する要求や願いが協同組合のエネルギーであり、さらにはよりよい暮らしをつくりあげ変革していくために自発的・主体的な活動（グループ活動など）を展開していくことが重要である（表 5-2）。③そして、最後に暮らしの要求を実現していくため、その運動を生協共立社に限定せず、地域に存在する他の協同組合や地域組織との協力・連帯によって展開してきた。

以上が大高氏の整理であるが、全国において組合員の要求に応える活動は、既存組織の事業の範囲に限定される傾向にあるが、生協共立社は、活動を規定するのは事業形態や領域ではなく「組合員の暮らしの要求」であると捉え、その要求に応えるため、多様に協同体制を組んできたのである。

4　共立社・鶴岡生協の運動とその教訓

共立社・鶴岡生協は、一九五五年一二月四日、六坪の店舗の開店と共にスタートし、設立当初から一貫して運動や事業の組み立ては「くらしの要求から」を基軸においてきた。例えば、東北の一九六〇年代は、出稼ぎの時代が到来し、地域での行事や集う場が次々と失われて、子ども達の世界でも急速に協同の場面が減少し、「生きる力」が低下してきた時代であった。そのような状況を真正面から受け止めた共立社・鶴岡生協は、全国の趨勢としてはいかにコストを引き下げ売り場面積を拡大するかということが問題になっているなかでも、「くらしのセンター」や「協同の家」と呼ばれる店舗の二階で「子育て支援活動」を積極的に展開してきた。

故佐藤日出夫元理事長は、「生協は事業をもった運動体だから、運動が決定的に遅れたら経済的に破綻する。私たちは、ところが、経済的に何とかやっているというところだけ、目を奪われやすい。これは大変危険である。生協が、いわゆる商業主義的にだけ対応していると、より大きな力が現れたとき、完全に参ってしまう。それを突破する力がどこにも蓄積されていないからである[4]」と言い残しているが、「子育て支援活動」はまさに子ども達に「生きる力」を育てる活動であり、そのプロセスから創造されるエネルギーははかり知れない。

以上のように子育て支援をはじめ、様々なグループ活動や運動で蓄積されてきたエネルギーは、後の灯油裁判や大手スーパーとの闘いという形で発揮されることになる。
共立社・鶴岡生協には全国では見られない幾つかの特徴的な実践がある。それは、「班の組織化」「灯油裁判」「大手スーパーとの闘い」などであるが、その着眼点や考え方は現在の生協運動にとって大変参考になるので、以下簡単に紹介する。

(1) 班の組織化

一九六一年六月、鶴岡生協の通常総代会において、「班」を生協の基礎組織として次のように明確にした。

〈班の性格〉
①班は職域を単位とする「職場班」と、地域を単位とする「家庭班」との二種類からなり、鶴岡生協の基礎組織である（のちに農村班も加わる）。
②班は組合員が生協の運営に参加する場である。

〈班の内容〉
①職場班…職場班は従業員組織に所属する組合員が、その機関の承認のもとに構成し、班には班代表者と取扱責任者を置く（従業員組織がなくても三名以上の組合員で理事会の承認があれば班を構成できる）。班代表者は班に所属する組合員を代表し、取扱責任者は共同購入の責任者である。
②家庭班…家庭班は組合員の家族の主婦と、地域での単独加入組合員を構成員とし、一定の地域を

単位として一〇～一五名前後で一班を構成する。班長と副班長を互選して、班長は班を代表し、共同購入取扱いの責任に当たる。このように、班組織は生協の供給集金の実務を担う組織でもある。班では共同購入の注文の取りまとめが行われ、集金は班長の責任で行われる（班長には集金高の一%が還元される）。

家庭班は、「地域班づくり」として推進され、約一二〇〇人の労働者の居住地名簿をたよりに一軒一軒訪問し結成され、五年後の一九六一年には九〇%の組合員が班に組織されている。

通常「班会」では、①生協経営の内容の説明、②組合員の批判や希望を聴くこと、③その月の重要な問題の話し合い、④商品についての研究、などが中心的に話し合われた。共立社・鶴岡生協は、組合員が主人公として生協を動かす主体性をもった原動力として、組織のなかに定着しているかどうかが重要だと考え、班会での話し合い、そこから汲み上げられたものを事業や運営に徹底して生かしていった。その繰り返しが班の組織化の意義であり強固な信頼関係と組織を築いていくこととなった。

全国の生協で展開された共同購入「班」は、共立社・鶴岡生協の位置づけと若干異なり、むしろ商品の受け取りの手段として捉えられていた（のちに組織運営の最小の単位として発展していったが）。すなわち、共立社・鶴岡生協の「班」は生協の基礎組織としての単位であり、くらしの協同の最小の単位ともいえるが、共同購入の「班」は商品購買の協同の最小の単位である。それゆえ、個配が増加している現段階では共同購入の「班」は必然的に減少傾向にある。

(2) 灯油裁判

共立社・鶴岡生協の特徴の一つは住民運動である。住民運動は、家庭班での組合員の徹底した話し合いのなかから、あるいは台所の問題からそれにつながる物価問題、教育問題などへと広がっていったが、それは組合員自身の成長の過程でもあった。住民運動の一つに灯油裁判がある。灯油裁判は、一九七四年原告一六五四名で開始されたが、裁判は、一九八〇年第三三回公判で結審（敗訴）、翌年の一九八一年仙台高裁へ控訴、一九八五年逆転勝訴、一九八九年最高裁にて敗訴という経過をへた。

もともと灯油裁判は、一九七三年の第一次オイルショックの際に違法なカルテルを結んで生産調整・価格協定を行った石油元売各社に対して、それによって損害を受けた消費者（組合員）が損害賠償を求めて集団訴訟を起したものである。運動を担ったのは裁判の勝利によって得られる少額の損害賠償の何十倍もの負担をあえて引き受けることを決意して自ら原告となった自発的な主体であった。そして、運動の過程でも、決して原告代理人の弁護士らに頼るのではなく、自ら証拠を集め、弁論の組み立てに参加し、法廷でも発言するという、まさに原告自身による裁判が進められた。

こうした訴訟を運動として展開していくには、それをサポートする組織が必要とされたが、その役割を生協が果たしてきた。共立社・鶴岡生協は、班を通じて、生協組合員のなかに灯油裁判についての学習を組織し、その結果を新聞折り込みの『生協ニュース』で市民に知らせるなどの支援活動を行ってきた。

灯油裁判は、共立社・鶴岡生協以外ではあまり見られないが、「運動」と「事業」の一体的取り組みと「家庭班」での学習の積み重ねの成果といえる。

(3) 大手スーパーとの闘い

一九六一年、鶴岡生協にはまだ二四坪の店舗しかなかった時、「東京スーパー」が一三〇坪の店舗をオープンしたが、まさに大人と子どもの闘いであった。その後、一九六五年には「主婦の店」、一九七八年には「ダイエー」が進出してきた。大手スーパーは、生協つぶしのため極端に安い商品を「おとり商品」として販売してきたが、役職員と組合員はその対策のため日夜協議を重ねた。その時、組合員から「仕入れ値を割るようなそんな安売りがいつまでも続くものではない。私たちがその『おとり商品』をスーパーで購入してくるから生協でそれをマージンを取らず売りなさい」「生協がつぶれたら子育て支援活動ができなくなる」「生協は自分達の店だ、生協はつぶしてはならぬ」といった声が発せられ、役職員と組合員の結束のもとスーパーとの闘いがはじまった。

その後、このような信頼関係で結ばれた強い絆は、大手スーパーを撤退させ、生協の窮地を救ったのである。そしてこの大手スーパーとの闘いは、組織を弱体化させるどころか、むしろ強化されていった。例えば、一九七八年一一月、鶴岡にダイエーがオープンしたが、オープン前の七八年度の利用組合員と供給高を一〇〇として、オープン後三年間の生協利用組合員数と供給高の平均と比較すると、利用組合員数は一〇八、供給高は一一七へとそれぞれ前進させている(5)。まさに生協は組織・運動・事業運営力の総合力で闘うものであり、「足腰のしっかりした生協」とはまさに総合力においてしっかりしたものを確立しているということなのである。

共立社・鶴岡生協は、この間「困った時は組合員に相談する」ということを徹底してきたが、大手スーパー撤退の経験をきっかけに、「職員は最大限の努力を常に怠ってはならないが、どうしても困った時には、組合員に率直に相談しよう」という風土が一層強まっていった。この教訓はその後共立社・鶴岡生協のなかで長く生かされていったが、全国的には「市場の土俵で、市場の論理で」競争しがちであるが、まさに協同組合原則にのっとった貴重な実践といえる。

以上のように共立社・鶴岡生協は、地域協同自治組織としての内実を備えた生協といえるが、そうした組織がネットワーキングとしての裁判運動をはじめ様々な相補分業を展開し、石油大企業などに対し対抗運動を組み立てたのである。すなわち、共立社・鶴岡生協は、自らの組合員の内から生み出されたネットワーキングを支え、その活力を再び自らの内に還流することで、両者がともに発展したのである。(6)

5　「地域協同組合連合」と地域づくり協同ネットワーク

(1)　背景

この間、共立社・鶴岡生協は一貫して、活動の範囲を規定するのは「地域の暮らしの現実と要求」であり、それらへの対応は、既存組織の事業範囲によって制限するものではないと考えてきた。他の多くの購買生協が地域への関心が比較的少ないなか、共立社・鶴岡生協の組織を超えた協同の考え方は先進的であった。その考え方の原点は、次の佐藤日出夫元理事長の訴えに見ることができる。「もし、これは『生協の問題と違います』とやっていたら、『生協は自分達の広範な生活を守ってくれるのだ』という意識にはならなかったと思う。まして、自分達で自らの生活を守っていくのだという関係にはならなかったと思う(7)」。

一方、全国的に「事業連合化」が進んでいるが、東北においても一九九二年に「生活協同組合連合会コープ東北サンネット事業連合」(一九九五年法人化)が設立され、生協共立社も加わった。事業連合は商品事業においては多くのメリットが発生するが、決定機能が一極に集中するため、単位生協機能の低下は避けられない。そのようななかで、単位生協機能の再構築と地域に根ざした協同組織としての位置が課題となってきた。

このように、「地域の暮らしの現実と要求」の実現と単位生協機能を再構築するためには、地域内で活動する諸組織と協同する「地域協同組合連合」を形成し、コープ東北サンネット事業連合のもう一つの極として位置づける必要があった。すなわち、「地域協同組合連合」は、広域的に購買機能を集中させる「事業連合」とは異なり、新たな機能を創造する「協同組合連合」の形成といえる。

(2) 形成過程

共立社・鶴岡生協のエリアには庄内医療生協が存在しているが、各々の組織率が世帯数の六割を超え、ほぼ同一世帯を共通の組合員として組織する両生協は、姉妹組織としての連帯を基礎に地域づくりを具体的に展開している。両者の連帯活動は多岐にわたるが、なかでも画期的な取り組みの一つは、一九六九年にオープンしたくらしのセンター（当時鶴岡生協）の建物を、一九八八年、生協共立社と庄内医療生協が三〇〇〇万円の共同出資で改装し、組合員活動施設「大山協同の家」として開設したことである。集会場や浴場（ヒノキ風呂）を設けた同施設は、組合員や子ども達の「たまり場」であると同時に、広い集会場は地域の子ども達の合宿などにも活用され、協同のあるまちづくりの運動の拠点として地域住民に活用されている。またくらしのセンターは目と鼻の先に移設拡張しコープ大山（一五〇坪）としてオープンしているが、「買い物する場」と「たまり場」が隣接しており、組合員や地域住民にとっては両方が日常の暮らしの一部になっている。

また共立社・鶴岡生協と庄内医療生協は、一九九二年に高齢者への家事援助（食事、買い物、洗濯など）や話し相手になる有償ボランティア「くらしの助け合いの会」を結成した。さらに両者の協同は一歩進み、一九九五年に社会福祉法人「山形虹の会」（以下、「虹の会」）が設立され、翌年の九六年には両組合員五四〇〇人から約半年間で一億円の寄付を集め、老人保健施設「かけはし」（以下、「かけはし」）が建設された。「かけはし」は入所・通所リハビリテーション、短期療養介護、痴呆専門棟など整備され、地域の病院、診療所、福祉施設と結ばれて運営されている。定員数は、入所定員一〇〇名（内痴呆専門棟四〇名）、短期療養介護（ショートステイ）定員一〇名、通所リハビリテーション（デイ・ケア）定員三〇名となっている。

一九九七年には山形県高齢者福祉協同組合（以下、高齢協）を含めた四者（生協共立社、庄内医療生協、虹の会、高齢協）による「四団体協議会」（以下、四者協）が発足し、福祉・医療に取り組む協力体制ができ上がった。この段階で、「くらしの助け合いの会」は四者によって協同運営され、今日に至っている。くらしの助け合いの会は、全国的には単一生協で運営しているケースが多いなか、四者で協同運営しているケースは極めて少ない。その後、二〇〇〇年にスタートした公的介護保険制度導入を契機に、四者協は庄内医療生協のリハビリ病院跡地に全国ではじめてといわれる生活支援型短期入所が可能な総合介護センター「ふたば」（以下、「ふたば」）を設立し（表5-3）、総合的な介護保険サービス事業を開始した。また「ふたば」は、表5-3のように四者協の協同事業であるが、そこに行けばとりあえずは何でも対応していただけるということから、地域では「駆け込み寺」と呼ばれている。また「ふたば」にはケア（専門的領域）とくらしの助け合いの会（ボランティア）が同居しているが、専門的領域とおたがいさま意識のボランティアの結合は利用者のくらしやニーズが総合的につかめるという利点がある（事務局）。

そして、二〇〇四年には、四者協を中心に庄内まちづくり協同組合「虹」が設立された。「虹」は高齢化社会に対応する新しい地域づくりの協同の取り組みであり、介護事業や給食・配食などが中心的な事業となっている。

また二〇〇五年七月には、ＪＡとの連携により「プリエール鶴岡」（葬祭事業）が立ち上がった。「プリエール鶴岡」は、共立社の土地（稲生センターの跡地）にＪＡが上屋を建て、そのなかに三室（一五〇名、七〇名、五〇名）の葬儀場が設けられている。事業責任や運営はＪＡが主体であるが、生協共立社はサービス事業部を通じて組合員にも広く呼びかけている。生協とＪＡが連携した葬祭事業の展開は全国でもめずらしい。

以上のように、協同組合間協同は、生協共立社と庄内医療生協の連携、さらには一九九七年の「四者協」、二〇〇〇年の介護保険導入前後を境にいっきに「地域協同組合連合」へと発展していった。今後は「真に豊かな地域社会の実現」をめざすため、ＮＰＯ法人や様々な市民活動団体を包摂する「地域づくり協同ネットワーク」の形成（図５-１）が課題となっているが、その第一歩として庄内まちづくり協同組合「虹」が設立された。

6 「虹」の形成と活動

(1) 背景と形成

二〇〇〇年の介護保険の導入前後から「四者協」の連携は前述のように活発に進行してきたが、新たにケア付高齢者住宅などの需要が急増してきたため、スピーディな対応が求められてきた。それらは、関係する団体にとってははじめての経験であり、総合的な判断と一定のリスクを抱えるた

表 5-3　総合介護センター「ふたば」の概要

事業所名	実施主体	事業内容
協立ケアプランセンターふたば	庄内医療生協	居宅介護支援
協立デイサービスふたば	庄内医療生協	通所介護
協立ヘルパーステーションぬくもり	庄内医療生協	訪問介護
協立ショートステイふたば	庄内医療生協	生活支援型短期入所
コープ福祉用具サービス	生協共立社	福祉用具の貸与・斡旋
コープくらしの助け合いの会	4 者協	有償ボランティア
ヘルパーステーション海老島	高齢協	訪問介護
配食センター味彩	高齢協	配食サービス

※高齢協のヘルパーステーション海老島はその後本体へ移行する.
出所：総合介護センター「ふたば」の資料から.

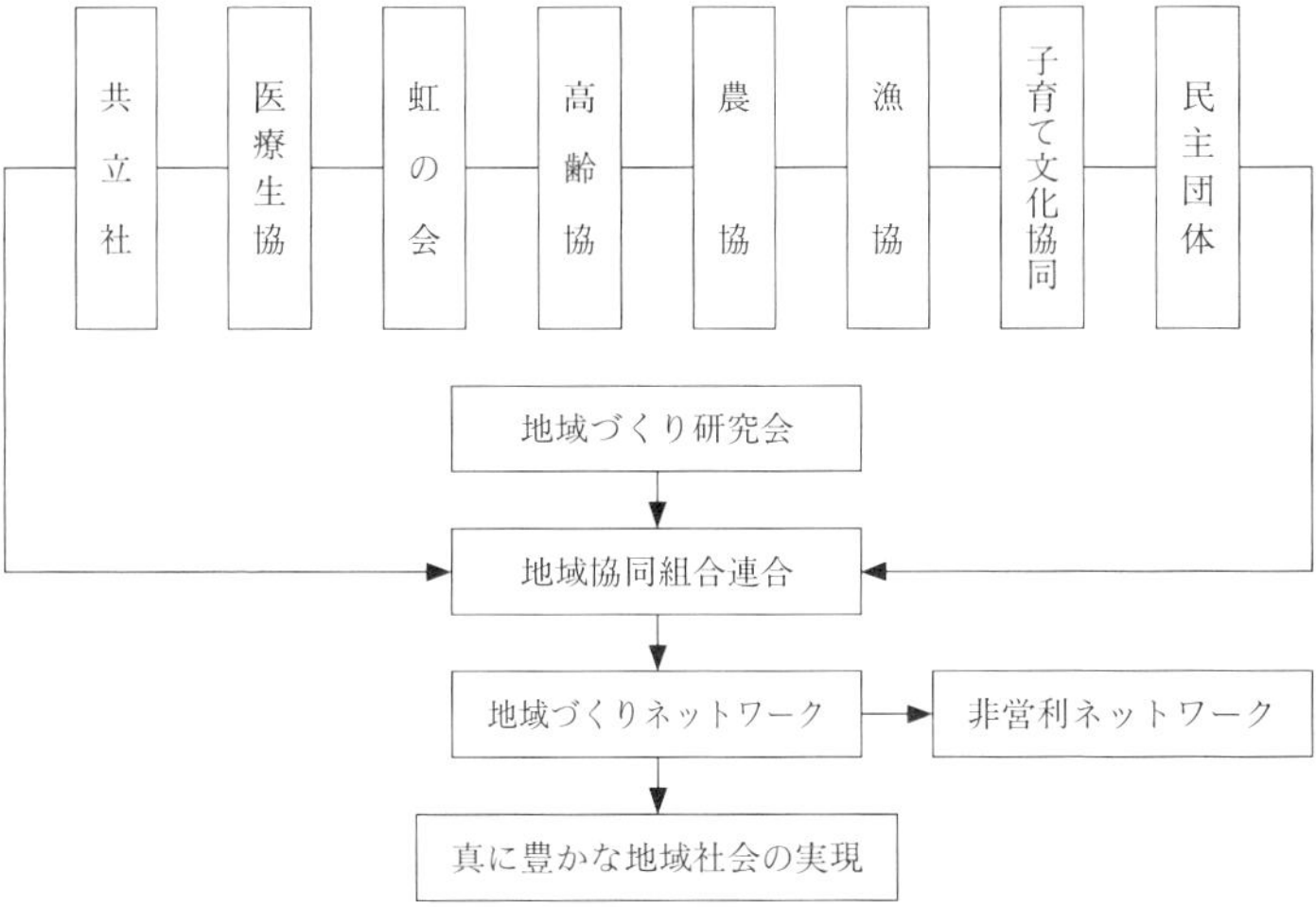

出所：「地域協同組合連合」の資料から.

図 5-1　地域づくり協同ネットワーク構想

表5-4　庄内まちづくり協同組合「虹」ー設立趣意ー

・介護，福祉，損保，サービス，地産地消などの事業者で，異業種の壁を乗り越えて，民主的な共同の事業を行い，個別の事業者だけでは実現しきれない諸要求を，協力，共同することによって解決を図ることが早急に必要になっているとの判断に立ち，事業協同組合としてまちづくり協同組合「虹」を設立しました． ・施設や仕事起こしは，住民の要求を直接的に解決すると共に，地域での雇用を拡大し，農業をはじめ，地域商工業への波及も期待され，地域経済の活性化にも貴重な貢献になるものと考えます．

出所：庄内まちづくり協同組合「虹」の概要説明書から．

め、相応な組織体制を必要とした。また地域経済が冷え込むなかで、第一次産業の活性化と新たな雇用の創出が課題として上がってきた。そのような状況のなかで、「四者協」の枠をさらに拡大し、六団体（後掲表5－5）により中小企業等協同組合法にもとづく「事業協同組合」として庄内まちづくり協同組合「虹」が、二〇〇四年四月一五日に設立された（表5－4）。

(2) 組織

組織の目的は、「いつまでも安心して住みつづけられる街づくり」を実現するため、相互扶助の精神にもとづき各構成団体が異業種の壁を乗り越え、協力協同することによってくらしのなかにある諸要求の実現の取り組みを進め、地域経済の活性化とその社会的地位の向上をはかることを目的としている。

参加団体は、設立時は、共立社・鶴岡生協、庄内医療生協、高齢協、虹の会、有限会社ファルマやまがた（民医連関係の薬局など）、株式会社コープ開発センター（生協共立社の別会社、不動産、建築、損保・サービスなど）の六団体であったが、その後地産地消を推進していくため庄内産直センターが新しく加わり現在は七団体で構成されている（二〇〇五年度）。

設立時の出資金は、表5-5のとおりであるが、その後庄内産直センターの五〇万円が加わり現在は一〇五〇万円である。賦課金は、中小企業協同組合のモデル定款にもとづくものであり、各団体は毎年負担することになるが、剰余が出れば賦課金は返還される。

表5-5　庄内まちづくり協同組合「虹」の出資金

（単位：千円）

	出資金	一般賦課金	教育情報賦課金
高齢協	500	30	20
虹の会	1,500	150	100
ファルマ	2,000	300	200
開発C	1,000	30	20
医療生協	2,500	500	300
鶴岡生協	2,500	500	300
合計	10,000	1,510	940

出所：庄内まちづくり協同組合「虹」の議案書から.

役員体制は、理事八名・監事三名の合計一一名であるが、出資金の規模の大小に関係なく原則一団体からトップを中心に一～二名選出している。理事は全員非常勤であり、理事会は毎月一回開催される。主要な案件は、この理事会で決定され、出身団体に持ち帰って再度協議することは少ない。それは、「虹」の理事会に相応の権限を与え、スピーディな決断をすることが重要だと考えられているからである。

業務体制は二年目からは、新たに高齢協の事業分野であった送迎警備と清掃部門が加わり、一本部四事業部制にした。スタッフは、二〇〇五年四月四九名であった職員は、二〇〇六年三月末一四九名と三倍に増加した。

表5-6　庄内まちづくり協同組合「虹」2005年度事業実績表

項目	合計（円）
事業収入	311,227,305
材料費	86,943,602
売上総利益	224,283,703
人件費	152,551,591
物件費	60,028,954
減価償却	10,697,311
経費合計	223,277,856
営業外収益	460,283
営業外費用	1,861,269
経常剰余	△395,139

出所：庄内まちづくり協同組合「虹」第2回通常総会議案書をもとに筆者が作成.

(3)　事業の概要

初年度の事業は、ケア付高齢者住宅の建設と運営（「虹の家こころ」）、給食・配食事業（味彩、かけはし給食）、ホームヘルパー養成等の事業を展開し、二年目からは送迎・警備、清掃事業をスタートさせ、一本部四事業部制（介護部門、給食・配食部門、送迎警備部門、清掃部門）に整理し、事業領域の拡大と経営基盤の強化をはかってきた（表5-6）。二〇〇五年度の事業実績は、材料費を除いた事業総利益は前年比三四一・九％と大幅に伸長したが、人件費・物件費とも計画を若干上回り、経常剰余は三九万五一三九円のマイナスとなった。今後は、地場農産物の利用拡大や第一次産品の加工などをとおして、地域経済への貢献が課題となっている。

(4)　事業の詳細

①介護事業部

ア、ケア付高齢者住宅

〈「虹の家こころ」〉

ケア付高齢者住宅「虹の家こころ」（以下、「こころ」）建設の目的は、施設待ちや医療依存度の高い方々への一助となるよう、安心して暮らせるケア付高齢者住宅を非営利・協同の力で実現することとした。事業の主体は「虹」と庄内医療生協の協同事業である。

「こころ」は、コープ開発センターが建設し、二〇〇四年六月にオープンした。対象者は、医療依存度が高く介護保険で要支援または要介護一〜五と認定されている方としている。建物は協立病院（医療生協）に隣接しており、部屋は三〇室（全室個室）で、身体の状態や介護度に合わせて、四つのタイプが準備されている（要介護一二程度、介助レベル、寝たきりレベル）。二〇〇六年八月には二部屋増室し、現在は三二室となっている。サービスは、ケアマネージャーの作成した介護計画に沿って在宅生活ができるよう居宅サービス事業所と連携し、介護福祉士やホームヘルパーが二四時間サポートする。利用料金は、室料（水道光熱費、食費込み）＋介護保険サービス料で、自己負担平均月額八万五〇〇〇円程度と一般に比べ安価となっている。

「こころ」では、地域の方々（保育園の子ども達など）の協力でクリスマス会など季節の折々に様々な行事を開催している。また入居者Sさんは脳出血で倒れ右半身麻痺となった後のリハビリ奮戦記『脳卒中後遺症の明と暗』を出版した。

「こころ」は、「虹」の初仕事であったが、医療依存度の高い施設待ちの方への対応が可能となり、新しく一〇人の雇用と給食への地域食材の購入が実現できたことの意義は大きい。また今回の取り組みは、地域のなかで、「こころ」を軸に多様なネットワークを形成した（訪問看護、訪問診察、ケアマネージャー、ヘルパー、デイサービス、福祉用具、配食サービスなど）。

〈「虹の家おうら」〉

二〇〇五年四月に、二つ目のケア付高齢者住宅「虹の家おうら」（以下、「おうら」）が建設された。建設の目的は、高齢化率約三〇％の大山地域に「安心して暮らせる高齢者施設の実現を」という組合員の要望に対応し、西部地域における総合介護センターとして地域密着・多機能で柔軟な対応ができる「役に立つ」施設をめざしている。

「おうら」は、「虹」の直営であるが、元某開業病院兼自宅であったものを借り受け、改装し、デイサービスと宿泊（一室六畳）を兼ね備えた施設となっている。定員はデイサービス一九名、宿泊一〇名（現在一二名が入居、内夫婦×二組含む）である。宿泊は自己負担平均月額五万五〇〇〇円程度（水道光熱費、食費、介護保険サービス料込み）と安価で、利用者からは大変喜ばれている。近年、負担増で生活が苦しくなってきた高齢者にとって、自己負担額が国民年金の支給範囲以内で実現できたことの意義は大きい。

また「おうら」は、複数の人を介護している方が増えてきている現状で、「今日預かってくれ」という要望にも応えられるよう柔軟に対応できるようにしている。

「おうら」は、「こころ」と同様に、一〇人余の雇用を新たに創出した。

イ、ヘルパー養成講座

二〇〇四年度は二級ヘルパー養成研修を四〇名で行ったが、この実績により、厚生労働省教育訓練給付制度の指定を受けることとなった。二級ヘルパー養成の受講料は五万六八〇〇円（テキスト代含む）であるが、二〇〇五年度は第一期講習（八～一一月）で二級ヘルパー三三名が修了し、第二期講習（二～五月）は一五名が修了した。修了者は関係加盟団体や地域施設へ入職したり、助け合いの会などのボランティア団体へ登録するなど、ヘルパーとして積極的に地域に貢献している。

②給食・配食事業部

ア、味彩

「味彩」はもともと高齢協の給食・配食事業であったが、「ふたば」のショート・デイサービスへの給食及び宅配給食・特注弁当等の配食に加え、二〇〇四年六月からは「こころ」への給食、協立病院職員への配食（コープ食堂が日曜日休みのため）、大山診療所日曜日デイサービスへの配食を開始し供給量が増加した。さらに、「味彩」は利用者の利便を図り三六五日開業の体制を整えた。

「味彩」は、二〇〇五年一二月に入り各支援センターから宅配弁当の依頼が入ってくるようになってきたが、選ばれている理由として、食事の内容は勿論のこと、宅配時の「声かけ」や「お膳へのセッティング」などの福祉的なサービスが好評だということである。

イ、「かけはし」給食

「かけはし」給食は、二〇〇四年七月から「虹の会」より委託を受け事業を開始し、一二月にはソフト食の導入を実施している。

「ハタハタの田楽」「黒豆なます」「冬至かぼちゃ」など昔ながらの食事も季節に応じて献立されている。また毎日食べていただくおやつの多くは手づくりで大変好評である。

③送迎警備事業部

送迎事業の主な内容は庄内医療生協のデイサービスへの送迎などである。送迎用の車両は庄内医療生協が保有し、送迎事業部からは運転手を派遣している。人員は三六名（平均年齢六三歳）で、仕事は午前二時間、午後二時間の合計一日四時間の勤務時間であるが、定年後の生き甲斐を兼ねた雇用の創出といえる。

二〇〇五年一〇～一一月には紅葉狩り、希望の会・芋煮会の行事送迎を開催し、協立病院デイケア、ふたばデイサービス、協立リハビリテーション病院、希望の会・芋煮会が利用した。室内では味わうことができない楽しいひと時である。

④清掃事業部

清掃部門は、旧センター事業団より移管したが、庄内医療生協の病院や生協共立社の店舗、「虹の会」、地域の開業医等の清掃が中心の業務となっている。二〇〇五年度は、清掃部門は技術変化の激しい分野であり、先進技術の研修習得など積極的な改善に取り組んだ。

(5) 今後の展開計画

今後の展開として、次の四つのことが検討されている。それは、①食品加工（カット野菜等）、病院・施設での給食、配食メニューに地元産品の拡大、基礎食材（カット野菜）の加工、②給食センター開設の構想（外部化構想）、これは食費の自己負担増、病院・施設の経営悪化のなかで、避けてとおれない給食事業の効率化を協同で克服する試み、③地産地消のアンテナショップ、「スローフードの食文化」の提案、④中学校区単位くらいで小規模多機能施設の展開、一カ所で高齢者施設・子育て支援・共立社の商品分け合いステーションの実現である。

7 「虹」の意義と課題

(1) 意議

①「地域協同組合連合」への確信と地域づくり協同ネットワークの可能性

共立社・鶴岡生協を軸とした複数の協同組合（団体）で構成されている「地域協同組合連合」は、サンネット事業連合のもう一つの極として形成され、組合員や地域の多様なニーズに対して応え、新しい機能を創造してきている。その「地域協同組合連合」を媒介にして形成された「虹」は、設立されてからわずか二年しか経過していないが、安価なケア付高齢者住宅の建設や給食・配食など実現できた。単独の組織では実現不可能な事業を各協同組合や協同組織の協同の力でスピーディに実現できたことは組織や構成メンバーの確信につながってきている。その確信はさらに地域のNPO法人や様々な市民団体との連携へと発展し、地域づくり協同ネットワークの実現の可能性が出てきた。

また各協同組合や協同組織を土台に広がってきた新たな協同運動の成果は、再びそれぞれの組織へ還流しつつあるが、自分達の組織をさらに活性化させる可能性を帯びてきた。そして、この二年間の取り組みと成果は構成する組織の一体感を促進させ、状況認識の共有化をはかることができた。実はその繰り返しと継続が、「いつまでも安心して住みつづけられる街づくり」を、一歩ずつ現実のものにしており、まさに「ロマンとソロバン」による地域づくり協同ネットワークの形成である。

②地域経済活性化と雇用の創出

「虹」には、給食・配食の食材に地場産活用を促進するため、新たに庄内産直センターが加わった。またケア付高齢者住宅の建設により二〇名以上の雇用が新たに創出されている。送迎部門においては定年後の中高年の採用など新たな生き甲斐の創出の場にもなっている。このように地域経済活性化のための地産地消や新たな雇用の創出は、全国的にリストラが進行しているなか、大変意義がある。

すなわち、くらしや地域のニーズにもとづく新たな事業の展開は、若者の雇用の創出や経験豊富な中高年の再登場を促し、自分達が住んでいる地域に夢と展望が持てることにつながっている。

③地域づくりとくらしづくりの先鋒役

生活協同組合はそもそも「共助・共益」の組織であるが、福祉などの活動領域の広がりや多数者組織として発展してきた今日では、地域社会からは「公助・公益」の組織として期待されている。中川雄一郎氏は協同組合に対し、「コミュニティの質」と「生活の質」の向上の実現にもっと努力することを求めているが、「虹」を核とした新たな協同運動は、地域づくり（「コミュニティの質」の向上）やくらしづくり（「生活の質」の向上）への挑戦といえる。また「虹」は、組織的には小さく柔軟性や機動力があるため、構成組織や地域の課題に対してスピーディな対応が可能であり、地域づくりやくらしづくりの先鋒役として機能している。

そして、現在「小規模多機能の場」を中学校区単位で展開する試みがはじまったばかりではあるが、地域のなかで空いている施設や建物を活用して、商品の分け合い（買い物の協同）と高齢者ケア・子育て支援（福祉サービスの協同）を同じ場所で機能させる小規模多機能の場づくりが検討されている。まさに顔と顔の見える買い物の協同（購買協同）と福祉サービスの協同（福祉協同）のコラボレーションの展開といえる。

(2)　課題

①理念の共有化と人材育成

創業年度は組織の立ち上げと各事業開始が短期間に重なり、事業を軌道に乗せることに重点が置かれたが、二年度目からは組織風土が異なる新たな組織・人間集団が加わったため理念の共有化と団結が欠かせない。また職員集団はプロとしての専門性と地域づくりを担える人材の育成が課題となる。

②組織主体の形成

現在、「虹」への参加組織は法人であるが、今後は、組合員や地域住民の直接参加をどのように形成するかが課題となってくる。

③行政とのパートナーシップ（協働）

もともと、共立社・鶴岡生協は、行政との関わりが少ないように思われるが、「虹」と行政との連携も多くない。今後は、地域のなかで双方の役割を明確化し、パートナーシップ（協働）を取っていくことも重要な課題である。

8　まとめ

(1)「虹」の性格と協同事業の成果

「虹」の性格は、共立社・鶴岡生協を軸に形成されている「地域協同組合連合」を媒介にして設立されたが、事業領域はケア付高齢者住宅や給食・配食など生活・福祉領域を中心としており公益性が高く、「新しい協同組合」ということができる。

また「虹」が生みだした協同事業の成果は構成組織にとっても新たな果実であり、自分達の組織の活性化にもつながることになる。すなわち、「大きな協同組合」（共立社・鶴岡生協）を土台に、新しい「小さな協同組合」（庄内まちづくり協同組合「虹」）が形成され、「小さな協同組合」が生みだした果実が、再び大きな協同組合へ還流し、自らの組織を活性化させるということである。

設立して二年が経過した現在、早くも二つのケア付高齢者住宅が建設され、二〇名以上の雇用も新たに創出された。

(2) 共立社・鶴岡生協と「虹」の関連

共立社・鶴岡生協や庄内医療生協などの七団体で構成されている「虹」は、生活・福祉領域への対応・地域経済の活性化・雇用の創出などを目的に地域の協同組合が連携し合って形成された「事業協同組合」である。「虹」は、母体である協同組合や関係団体の人的・経営資源などの支援を結集し、当面するくらしや地域の課題にすばやく対応すべき機動力のある組織運営をめざしている。

以上のように、共立社・鶴岡生協と共立社・鶴岡生協を中心とした地域連帯で形成されてきた「地域協同組合連合」を媒介にして形成された「虹」の関連は、組合員や地域から発せられる声やニーズに対し、複数の協同組合や協同組織で構成された「連合」の機能を新たに創造し、さらには

「新しい協同組合」を形成し、実現していくという構図である。

注

（1）購買生協の事業連合は、一九八六年九月の栃木・群馬・茨城の生協による、北関東協同センターの設立からスタートし、二〇〇五年度で、事業統合が進んだ北海道を含め、事業連合を軸とした地域ごとの連帯の構造が、全国的に確立した。

（2）大高研道「協働による地域の自律」（中嶋信・神田健策編『地域農業もうひとつの未来』自治体研究社、二〇〇四年、一六一〜一六四ページ）。

（3）佐藤日出夫「共立社鶴岡生協の提携活動」（渡辺睦編著『中小業者の協同組合』新評論、一九八五年、二七七〜二七九ページ。

（4）佐藤日出夫・美土路達夫『ここに虹の旗を　鶴岡生協と住民運動－Ⅰ』民衆社、一九八一年、三〇三ページ。

（5）『共立社のあゆみ、いま、これから』生活協同組合共立社、二〇〇二年、一九ページ。

（6）大窪一志『日本型生協の組織像』コープ出版、一九九四年、二七三ページ。

（7）佐藤日出夫・美土路達雄、前掲書、二一二〜二一三ページ。

終章　二一世紀型生協の展望

1　新しい協同組合とその特徴

(1)　海外における新しい協同組合の形成とその特徴

先進資本主義諸国では、経済のグローバル化のもと、経済的な停滞が見られ、福祉・教育といった公共部門から国が撤退してきているなかで、「新たな生きにくさ」が出現してきており、そこに住む人々は自らの手で、協同組織という形態でコミュニティを再生し、「新たな生きにくさ」を克服しようという運動が展開されてきた。その先進的事例にイタリアの社会的協同組合やイギリスのコミュニティ協同組合などがある。その具体的な内容については、第一章で詳しく紹介しているので、ここではイタリアの社会的協同組合の形成の経過とその特徴について、簡単に触れておく。

田中夏子氏は、イタリアにおける社会的協同組合の形成の背景や経過について次のように述べている。[1] 一つは、身体障害者や精神障害者はむろん、子どもや社会的マイノリティが抱える、生きる上での様々な困難を、当事者を中心にしながら協同の力で解決していこうとする運動である。二つは、財政難による自治体労働者の合理化の流れのなかで進む文化・教育・福祉サービスの後退を食い止めるため、若年失業者の運動や公務員の労働運動を媒介にしながら、徐々に事業体として結実していくケースである。

そのような新たな運動は、生活支援、地域福祉、教育、新たな働き方、雇用創出など「普遍的性質」を内包する「コミュニティの質」とその住民の「生活の質」を高めようと試みる「新しい協同組合運動」が成長してきていることを示している。そして、「新たな生きにくさ」への対応という時代の要請として形成されてきた新しい協同組合（第一章、表1-5参照）は、これまでの伝統的協同組合へ少なからず影響を与え、協同組合運動の持続的発展の原動力になりつつある。

(2)「新しい協同組合」の形成とその特徴

本書において、「新しい協同組合」の形成について、協同組織「いきいきいわみ」を事例に検証してきた（第二章）。また本書の課題である「購買生協と新しい協同組合との関連構造」については、三つの協同組織との関連で検証してきたが、そのいずれも「新しい協同組合」の性格を持っている。それは、生協しまねのなかで形成された「おたがいさまいずも」、生活クラブ生協・東京を出自とし協働関係にあるワーカーズ・コレクティブ「轍」、「地域協同組合連合」を媒介に誕生した庄内まちづくり協同組合「虹」である。以下、四つの協同組織の特徴を再整理する。

①「いきいきいわみ」

「いきいきいわみ」は、過疎と高齢化が深刻化している農村部において、将来に不安を抱いた中高年の女性達を中心に、高齢者の見守りや生活支援を目的として形成された協同組織である。「いきいきいわみ」の会員資格は、地元に住む住民で、「助け合い活動ワーカー養成講座（三級ヘルパー）」の修了生に限っており、活動内容は、地域住民のすべての高齢者の見守りと生活支援（普遍性、公益性）である。行政は、「いきいきいわみ」の普遍的で高い公益性の性格から、助け合い活動ワーカー養成講座の受講料の一部を負担しており、JAや社協も財政面で「いきいきいわみ」を応援している。

活動や運営は、すべて会員自身の手で行われているが（自立性）、特徴的なことは自分達が住んでいる身近なところで、「お茶飲み会」（集落単位）・「ほのぼの丸子会」（自治会単位）・「勝地の里ミニ福祉センター」（地区＝旧村単位）などが展開されていることである。また、会員達は、行政や他のボタンティア団体ともネットワーク的に連携し（社会的諸主体とのネットワーク）、まさに「よってたかって」安心して住める地域づくりをめざしている。

以上のように、「いきいきいわみ」の組織は、高い公益性・普遍性・諸団体とのネットワーク的連携などの特徴から、「新しい協同組合」の性格を持っている任意の「ヘルパー集団」と整理できる。なお「いきいきいわみ」は、「できるヒトが、できるコトを、できるトキにやる」を合言葉としているように、誰もが楽しく参加できるようにと敷居は常に低くすることを重視しており、事業的展開やNPO法人などの法人化は現段階では考えていない。

②「おたがいさまいずも」

「おたがいさまいずも」は、生協しまねのなかで、日常生活のちょっとした困りごとへの対応という互助組織的な位置づけで発足した。組織の性格は、独立採算をめざしていることから自立性は高いといえるが、生協しまねを飛び出し新たに法人化するという考えは持っておらず、あくまでも生協しまねと関連させ、組合員同士が「おたがいさま」の精神で助け合っていくという任意の「応援者集団」といえる。また「おたがいさまいずも」は、普遍的性格や高い公益性・小規模運営などの特徴を持っており、「新しい協同組合」の性格を持っている。

現在、生協しまねのなかには「おたがいさまいずも」を含め三つの「おたがいさま」が発足しており、地域のなかで思い思いに活動している。

③ワーカーズ・コレクティブ「轍」

「轍」は、生活クラブを出自としているが、労働現場における関係性の分断化や孤立化が進行するなかで、「新しい生き方・働き方」として登場してきており、労働のあり方を問い直す運動として形成された。「轍」の仕事は、生活クラブの戸配の受託を主要な業務としており、年々増加傾向にある。

「轍」は、初期の頃は任意の組織であったが、現在では規模が拡大していくなかで、社会保険などの労働環境の整備や社会的認知が要請され、法人化している。法人の種類は、根拠法がないため、中小企業等協同組合法にもとづく「企業組合」を取得している。運営は、労働者一人ひとりが自ら出資し、労働し、運営（経営）するという「出資・労働・運営（経営）」の三原則で運営されており、雇用－被雇用の関係ではなく、経営と労働の一体化という協同組合的事業体を形成している。以上のように、「轍」の組織の性格は、労働者の協同組合化であり、「新しい協同組合」ということができる。

④庄内まちづくり協同組合「虹」

「虹」は、「地域協同組合連合」を媒介に、共立社・鶴岡生協や庄内医療生協などの六つの組織が共同出資し（現在は七つの組織が出資）、「いつまでも安心して住み続けられる街づくり」の実現をめざし、新しく協同事業として発足した。

「地域協同組合連合」は、コープ東北サンネット事業連合のもう一つの極として位置づけられており、広域的に購買機能を集中させる「事業連合」とは異なり、新たな機能を創造する「協同組合連合」として形成された。

「虹」の組織の性格は、法整備がなされていないため、中小企業等協同組合法にもとづく「事業協同組合」として法人格を取得しているが、その内実は、労働者の協同組合化であり、「新しい協同組合」といえる。

(3)「新しい協同組合」の比較

①共通点―労働者の協同組合

四つの協同組織の共通点は、無償・有償の差はあっても、いずれも働く場面をつくっているという点では、労働者の協同組合としての性格を持っている。すなわち、「いきいきいわみ」は「ヘルパー集団」、「おたがいさまいずも」は「応援者集団」、「轍」と「虹」は、法整備はなされていないものの、事業として展開し雇用を創出しているという点で、労働者の協同組合といえる。

以上のように、四つの協同組織は、これまでの購買生協の購買協同とは異なり、働く者の協同を内実化した労働者の協同組合ということができる。

②相違点―任意組織と法人組織

「いきいきいわみ」と「おたがいさまいずも」は、法人化し積極的に事業を展開していくというよりも、地域や生協のなかでお互いが助け合いながら生活していこうというボランティア的性格が強い任意の組織といえる。

一方、「轍」と「虹」は、事業を積極的に展開していくために法人化しているが、法人化することにより社会保険などの労働環境の整備や社会的にも認知され、雇用の安定的な確保が可能となる。すなわち、「いきいきいわみ」と「おたがいさまいずも」はボランティアの任意組織であるが、「轍」と「虹」は事業体としての法人組織である。

③共通・相違点―福祉協同・地域づくり

「いきいきいわみ」・「おたがいさまいずも」・「虹」は、これまでの購買協同とは異なり、生活・福祉領域や地域づくりに関する新たな福祉協同を創出している。

一方、「轍」は、購買機能の労働者協同組合化であり、右の三つとは異なる。しかし、他の多くのワーカーズ・コレクティブの活動は、生活・福祉領域が多く、その限りにおいて福祉協同を創出している。

2　購買生協と「新しい協同組合」の関連構造の類型化

(1)　関連構造の整理

①関連構造の対象

本章の課題は、購買生協と「新しい協同組合」の関連構造を明らかにし、転換期を迎えている購買生協の新たな方向性を考察することにある。

本書では、購買生協と「新しい協同組合」の関連構造については、三つの事例を対象に実証的に検証してきた。それは、生協しまねと「おたがいさまいずも」、生活クラブ生協・東京とワーカーズ・コレクティブ「轍」、共立社・鶴岡生協と庄内まちづくり協同組合「虹」である。

一つ目の生協しまねと「おたがいさまいずも」の関連は、母体である購買生協が「新しい協同組合」を「内包」する関連であり、全国の事例のなかで一番多いケースである。二つ目の生活クラブと「轍」は、購買生協と独立した別組織の協働する関連である。購買生協を出自としたワーカーズ、NPO法人、社会福祉法人など様々協同組織が購買生協の周辺部で多様に活動し、購買生協と関連し合っているが、本書ではあえて共同購入事業の個配部門を受託しているワーカーズを検証した。それは、近年全国的に個配の外部化（アウトソーシング）が増加傾向にあるが、生活クラブが個配をワーカーズに委託するという他にあまり類を見ない取り組みを行っているからである。三つ目の共立社・鶴岡生協と「虹」の関連は、購買生協と購買生協を出自とした複数の協同組合で構成されている「地域協同組合連合」を媒介にして誕生した「新しい協同組合」の関連である。

②生協しまねと「おたがいさまいずも」の関連構造

生協しまねと「おたがいさまいずも」の関連構造は、生協しまねが「おたがいさまいずも」を内包している関連であり、購買生協と「新しい協同組合」の関連の典型例といえる。生協しまねは一九九〇年代後半頃から組織運営の方向性を大きく転換してきた。それは、トップダウン的組織運営への反省から、組合員の声を起点としたボトムアップ的組織運営へ転換し、一人ひとりの組合員を大切にした活動など、組合員の主体性や自立性を重視した運営が重要であると考えたからである。

そのようななかで、「おたがいさまいずも」は、組合員の困りごとへの応援を目的とし、共同購入の事業所（支所）エリアで誕生し、現在三つの「おたがいさま」（出雲、松江、雲南）が生協しまねのなかで活動している。「おたがいさま」の最大の特徴は、小規模運営と運営のすべてが組合員自身に任されているということもあり、主体性や自立（自律）性が大変高いということである。主体性と自立（自律）性が高くなるということは、様々な問題に対して、その取り組む姿勢を上位に対しての「要求型」から自らの力で解決するという「問題解決型」へ転換させ、関係者を人間的に成長させるようになる。また「問題解決型」への転換は、利用者の満足が第一義的に考えられるため、一人ひとりに向き合い共感し聴くということを繰り返すようになる。この繰り返しが、実は、

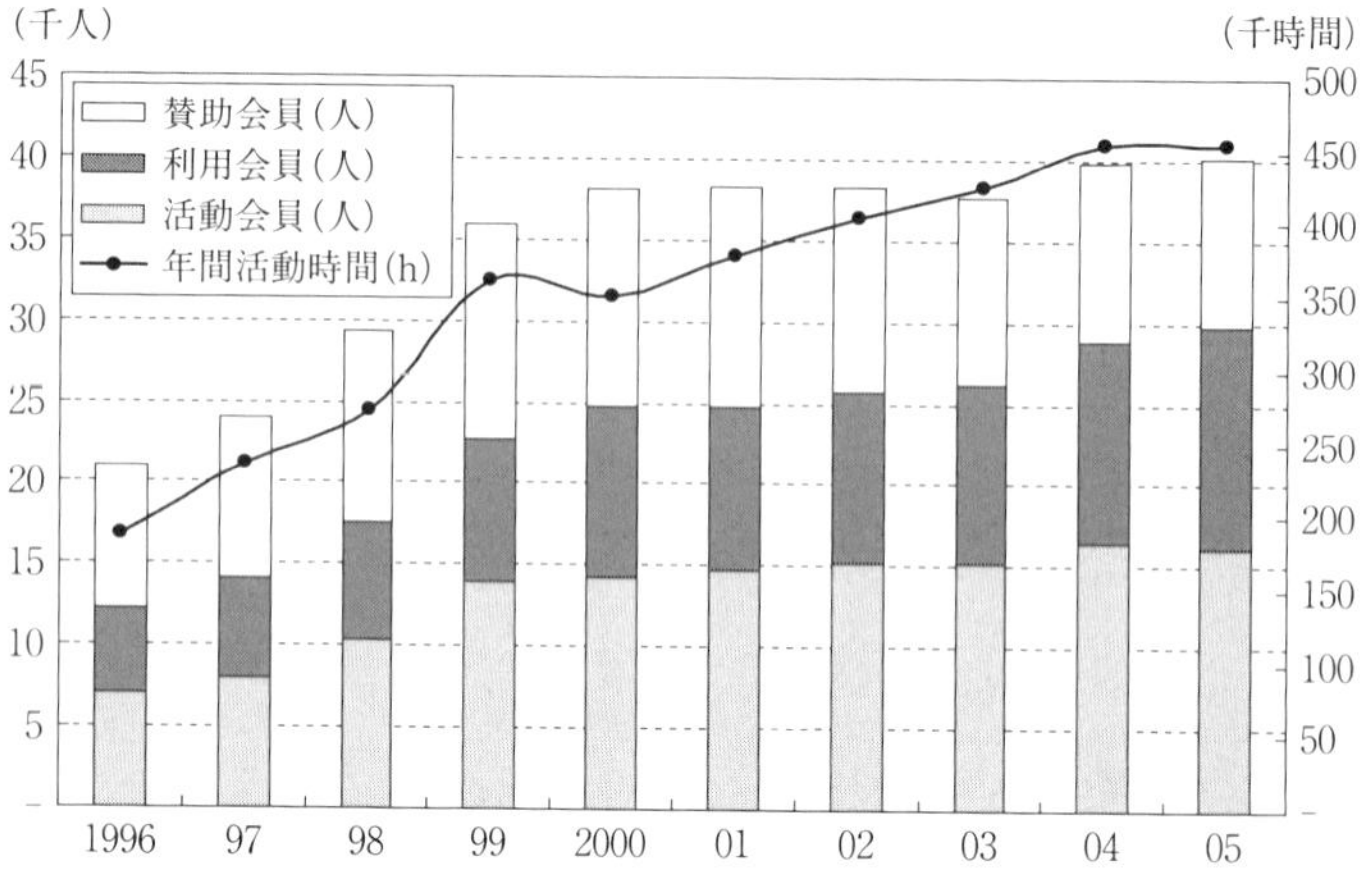

出所：日生協「コープくらしの助け合いの会活動全国ネットワーク情報（No. 31）」から．

図 6-1　全国「くらしの助け合いの会」の活動の推移

「事実を看る力」を醸成させ、同時にコミュニケーション能力を発達させることにつながっている。一方小規模運営は、利用者と応援者とコーディネーターの三者を近づけ、利用者が抱えている悩みに対しきめ細かな対応が可能となる。

「おたがいさまいずも」の応援時間数は、全国的に「くらしの助け合いの会」[2]が伸び悩んでいるなか（図6-1）、年々増加傾向にあり、二〇〇五年度は五六三〇・五時間（二〇〇四年度三九〇六・五時間、前年比一四四・一％）と急増した。「おたがいさま」活動は、まだ数年しか経過していないが、組合員のなかでも広く知られるようになり、総代会などでも多くの共感の声が発言されるようになってきた。理事会のなかでも「おたがいさま運営委員会報告」をもとに活動の共有化がはかられようになっている。二〇〇五年度から開始された「くらしづくり会議」は、常勤役員三名、組合員理事五名、アドバイザー一名の九名で構成されているが、組合員理事五名の全員が三つの「おたがいさま」に関係している。また生協しまねの二〇〇六年度の方針の基本的な考え方のなかに、『おたがいさま文化』（くらし発で、みんなで考え、みんなで決める）を生協しまねの組織の中にさらに充満させる」としているように、生協しまねと「おたがいさま」の関連は今や切り離せない関係にまで進展しつつある。

このように、「おたがいさま」は、主体である組合員のくらしや地域づくりにおける「新たな生きにくさ」を起点に、組合員自身により運営されているが、組合員自身も「おたがいさま」と生協しまねの両方に関係したり利用するため、双方の影響の度合いも相当高くなっている。

現在、生協しまねは、三つの「おたがいさま」に対して自立（自律）性を尊重しながら、事務所の提供や助成金の拠出などの応援を実施しているが、「おたがいさま」自身は、事業的には独立採算をめざしている。また「おたがいさま」は、くらしや福祉的領域におけるすべての困りごとに対応しており（普遍性）、地域コミュニティとの連携も進み（公益性）、運営や事業の面においても自立性が高いということから「新しい協同組合」に近い特徴を持っている。

以上のように、生協しまねと「おたがいさま」の関連構造は、母体である購買生協の内部に「新しい協同組合」が内包されているという関係であり、生協しまねで醸成されてきた「買い物の協同」のなかで、新たな協同運動として「おたがいさま」（「福祉サービスの協同」）が形成され、「お

表6-1　「おたがいさま」と「くらしの助け合いの会」の比較

項目	「おたがいさま」	くらしの助け合いの会
入会金.会費制	なし	ほとんどが有る
活動（応援）の内容	基本的にすべてに対応（普遍性）	活動範囲の制限を設けているところが多い（限定性）
規模	小規模性（支所単位）	大規模性（単位生協単位）
事業的性格	生協本体から若干の助成はあるものの，独立採算をめざしている（独立採算性）	多くは組合員活動の一環（非事業的）
運営	すべての運営は組合員自身によって行われる（自立性）	コーディネーターや事務局などは職員の関わりが多い（依存性）
購買生協との関連	・現場において，職員や組合員活動との連携や協同の場が多い ・組織の中での位置づけが高く，理事会での議論が活発	職員組織や組合員活動との連携は「おたがいさま」より少ない
地域づくり	社会福祉法人「ハートピア出雲」への全面的応援や行政との連携も進んでいる	地域社会への広がりは少ない
特徴	新しい協同組合的性格	組合員同士の助け合い

出所：全国の活動を参考に筆者が作成.

たがいさま」で醸成された新たな協同のエネルギーが母体である生協しまねへ還流し、「おたがいさま文化」が生協しまね全体への広がりを見せているという関連構造である。

他に内包する関連としては全国では「くらしの助け合いの会」が存在するが、「くらしの助け合いの会」の組織の性格は、組合員活動としての位置づけが強く、表6-1の特徴からもわかるように自立し影響し合う関係にはなりにくく、購買生協との関連は「おたがいさま」より機能しにくいように思われる。

そのようななかで、「くらしの

助け合いの会」を見直し、購買生協との関連を強化するため、あらためて購買生協での位置づけを見直しはじめている生協が立ち現れつつある。その道筋は、年会費制をなくしたり、小規模運営への転換や独立採算をめざすなど「おたがいさま」の運営に類似した内容であるが、すでにその成果は出はじめている。

③生活クラブ生協・東京とワーカーズ・コレクティブ「轍」の関連構造

生活クラブはワーカーズ・コレクティブ運動を一九八〇年代から九〇年代にかけ積極的に展開してきたが、そのような運動の一環として「轍」は誕生した。「轍」は、現在一一存在するが、組織はそれぞれ独立しており、その多くは中小企業等協同組合法にもとづく「企業組合」である。

「轍」は、現在では生活クラブから独立し、戸配の受託を主たる業務としている。生活クラブと「轍」の関係は、独立した組織同士の対等平等な協働関係の連携であるが、現在では、「轍」は生活クラブの全事業高の五〇%強を受託しており、両者の関係は今や運命共同体的協働関係にある。「轍」は、「出資・労働・運営（経営）」の三原則で運営され、労働者協同組合としての法制化は実現していないものの、「新しい協同組合」ということができる。

現在、「轍」は、生活クラブと運命共同体的協働関係にまで進展しているが、その協働関係は、現場労働における連携、「新しい生き方・働き方」や協同労働の学び合いなど、相互に影響し合う関係にある。また全国の購買生協では、配達の一部を民間に外部化（アウトソーシング）する傾向が見られるが、コミュニケーション労働として重要な現場労働の外部化は、組合員と生協との距離を拡大させる傾向にあるため、組合員の生協や職員に対してのロイヤルティを下げる可能性がある。しかし、同じ職場で異なる組織の労働者と一緒に働くということは双方に適度の緊張感と相互指摘が生まれるという有効性も発生するので、その外部化の対象には、購買生協により近いところで働き、協同労働として学ぶ点が多いワーカーズを位置づけることは注目に値する。

ワーカーズは労働者の協同組合であり、生活協同組合の方向性と類似するため、パートナーとしては最適である。しかし、ワーカーズといえども、組合員から見れば現場労働の外部化であるため、外部化の量的バランスは重要である。適正な量的バランスのもと、購買生協は事業運営の面でワーカーズへ影響を与え、ワーカーズは労働のあり方の面で購買生協へ影響を与えることになり、現場における双方の連携は専門労働のあり方そのものの改善へと進展する可能性を持っている。

生活クラブは「轍」との連携に対し、「戸配の比重が高まるなか、生活クラブはワーカーズ『轍』を協働の一方の事業者としている。ワーカーズ『轍』と生活クラブのこの間の実践により形成されてきた協働（パートナーシップ）の蓄積は生活クラブ運動にとって大きな価値を生みだしていると同時に今後の協同組合運動の方向性をさし示すものと考える(3)」と整理している。そして、両者の協働はさらに進み、二〇〇七年八月から両組織の経営トップで構成される「轍・生活クラブ経営協議会」がスタートした。

いずれにしても、生活クラブ生協・東京とワーカーズ・コレクティブ「轍」の関連構造は、購買事業機能の外部化の協同組合化であり、対等平等な協働関連ということができ、今後の購買生協の方向性をさし示す重要な模索といえる。

第四章では、購買生協と「新しい協同組合」の労働現場における協働関連構造としてワーカーズ・コレクティブを検証したが、実は生活クラブの周辺部には、生活クラブを母体にして八〇を超えるワーカーズやNPO法人などの協同組織が多様な形態でネットワーク的に購買生協と関連し合っている（第四章、表4-2参照）。そして、そのネットワーク的関連構造は、地域のなかで、新たな協同を無数に生み出し、地域づくりに向かいつつある。

④共立社・鶴岡生協と庄内まちづくり協同組合「虹」の関連構造

全国的に「事業連合化」が進んでいるが、商品事業においては多くのメリットが発生する一方、決定機能が一極に集中するため、単位生協の機能が低下していく可能性がある。そのようななかで、単位生協の機能の再構築と地域に根ざした協同組織の形成をめざし、共立社・鶴岡生協を軸に複数の協同組合や協同組織が協同する「地域協同組合連合」が、コープ東北サンネット事業連合のもう一つの極として形成された。すなわち、広域的に購買機能を集中させる「事業連合」とは異なり、新たな機能を創造する「地域協同組合連合」の形成といえる。

「地域協同組合連合」による新たな機能の創造は多岐にわたるが、画期的な取り組みの一つは、一九六九年にオープンしたくらしのセンター（当時鶴岡生協）の建物を、一九八八年、生協共立社と庄内医療生協の共同出資で、新たに組合員活動施設「大山協同の家」として開設したことである。また一九九二年には共立社・鶴岡生協と庄内医療生協とで「くらしの助け合いの会」を結成した。その後、社会福祉法人「山形虹の会」（虹の会）と高齢者福祉協同組合（高齢協）が加わり現在では、四者の協同運営となっている。一九九五年には、生協共立社と庄内医療生協の協同で「虹の会」が設立され、翌年の九六年には老人保健施設「かけはし」を建設した。一九九七年には、共立社、医療生協、虹の会、高齢協による四団体協議会（四者協）を発足させ、福祉・医療に取り組む体制ができ上がった。二〇〇〇年には公的介護保険制度の導入を契機に、全国ではじめてといわれる生活支援型短期入所が可能な総合介護センター「ふたば」を四者協の協同事業として建設した。

そして、二〇〇四年には、「新たな生きにくさ」への対応、地域経済の活性化、雇用の創出などを目的として、「地域協同組合連合」を媒介にして庄内まちづくり協同組合「虹」が形成された。「虹」は、中小企業等協同組合法にもとづく「事業協同組合」であるが、活動領域や事業的側面から「新しい協同組合」といえる。

「虹」は、「連合」を構成しているそれぞれの協同組合や協同組織から人材や資金的資源などを最大限結集し、当面するくらしや地域の課題にすばやく対応すべき機動力のある組織運営をめざしている。「虹」は、設立して二年しか経過していないが、早くも二つのケア付高齢者住宅を建設し、二〇名以上の雇用を新たに創出している。その速さの背景は、「虹」の役員が、それぞれの構成団体からトップを中心に選出されているため、スピーディな決断と対応を容易にしているところにある。

「連合」の母体であり軸となっているのは共立社・鶴岡生協であるが、関連構造を一層鮮明にさせるため、共立社・鶴岡生協の活動の特徴について少し触れておく。共立社・鶴岡生協の特徴の一つは住民運動であるが、その一つに一九七四年からはじまった灯油裁判がある。原告一六〇〇名余の組合員は主体的・自発的に原告団を結成し、運動の過程においても、代理人弁護士らに頼ることなく、自ら証拠を集め、弁論の組み立てに参加し、法廷でも発言するという、まさに組合員自身による裁判が進められた。この組合員の取り組みに対し、共立社・鶴岡生協は学習会の開催や新聞折り込みなどで市民に広く知らせる応援活動を展開した。

大窪一志氏は、この取り組みに対し、「共立社・鶴岡生協は、自らの組合員の内から生み出されたネットワーキングを支え、その活力を再び自らの内に還流することで、両者が共に発展したのである」[4]と述べている。この点に限っていえば、生協しまねと「おたがいさま」の関連構造に大変類似している。

このように、「連合」は、組合員自身のネットワーキングが進んだ協同組合を軸に構成されており、その「連合」を媒介にして形成された「虹」は、組合員のニーズにすばやく対応し、雇用創出も新たに実現しつつある。今後は、中学校区単位で協同組合らしい小規模多機能施設を設置し、子育て支援、高齢者福祉、生協商品の分け合いステーションなどのコラボレーションが検討されている。また「虹」では、各構成団体の定年退職者の人的資源の再活用も遡上にのぼっている。

共立社・鶴岡生協と「地域協同組合連合」を媒介として形成された庄内まちづくり協同組合「虹」の関連構造は、「地域協同組合連合」を媒介としているが、「虹」との直接的な関連となる。すなわち、購買生協を軸に複数の協同組合や協同組織が地域のなかで関連し合い「連合」を組織し、さらにはその「連合」を媒介として「新しい協同組合」を形成し、その「新しい協同組合」が再びそれぞれの協同組合と関連し合うという関連構造である。

以上の関連構造は、「連合」において新たな機能を創造するばかりか、地域の様々な場面で、新たな協同を再生しており、その意味では、地域づくりに向かってきている。

(2) 関連構造の類型化

①三つの関連構造の類型化

前項の関連構造の整理をもとに以下類型化する（表6-2）。生協しまねと「おたがいさま」の関連構造は、生協しまねが生協しまねを母体に誕生した「おたがいさま」を、自立（自律）性を保ちながら、生協しまねのなかに内包しており、「内包型」関連といえる。生活クラブ生協・東京とワーカーズ・コレクティブ「轍」の関連構造は、購買事業機能の外部化の協同組合化であるが、「轍」は生活クラブから誕生し、現在では「企業組合」として独立しており、役割分担が明確化され対等平等な協働関係にあることから、「協働型」関連といえる。共立社・鶴岡生協を軸として複数の協同組合で構成されている「地域協同組合連合」を媒介に形成された庄内まちづくり協同組合「虹」

表 6-2　生協しまね，生活クラブ生協・東京，共立社・鶴岡生協と「新しい協同組合」の関連構造と類型化

購買生協	生協しまね	生活クラブ生協・東京	共立社・鶴岡生協
地域性	地方都市の消費者を基盤とする生協	都市の消費者を基盤とする生協	農村後背地を広く抱える生協
事業領域	無店舗事業のみ	無店舗事業のみ	店舗事業中心
地域づくりエリア	支所単位	行政区単位	市とその周辺
「新しい協同組合」	「おたがいさま」	ワーカーズ・コレクティブ「轍」	庄内まちづくり協同組合「虹」
組織の性格・運営	・自立（自律）性が高い任意組織 ・小規模運営，現在3つの「おたがいさま」が支所単位で活動，また3つの「おたがいさま」は「連絡会」を結成し情報交換や活動交流を実施している	・中小企業等協同組合法にもとづく「企業組合」 ・1人1人の労働者が出資・労働・経営（労働者協同組合の性格） ・11の異なる「轍」が協議会を結成（現在組織統合へ向け準備中）	・中小企業等協同組合法にもとづく「事業協同組合」 ・7つの団体が出資（生協共立社，庄内医療生協，高齢協など）し，新しく創出 ・単一組織ではできない領域をスピーディに実現 ・地域づくりの推進
活動領域	生協しまねの組合員の日常生活における困りごとへの応援	生活クラブ生協の戸配を受託（現在全事業高の約50％強を受託）	介護，給食・配食，送迎，清掃の4部門
関連構造と特徴	・購買生協と購買生協の内部で形成された「新しい協同組合」の内包的関連 ・生協しまねは1つの「おたがいさま」に年48万円の助成，事務所など無償で貸与 ・配布物やバザーの回収などは支所の職員が応援 ・支所組合員活動との連携が強い	・購買生協と購買事業機能の外部化の協同組合化として形成された「新しい協同組合」の協働的関連 ・現場労働における生活クラブ生協職員とワーカーズ「轍」メンバーの協働関係 ・生活クラブと「轍」の代表が定期的に経営会議を開催	・購買生協と購買生協を母体に形成された「地域協同組合連合」を媒介にして誕生した「新しい協同組合」の地域協同組合連合的関連 ・「虹」の役員は規模の大小に関係なく原則各構成団体から1~2名選出 ・「虹」の成果は各構成団体が享受する
類型	「内包型」関連	「協働型」関連	「地域協同組合連合型」関連

作成：岡村信秀.

の関連構造は、購買生協と購買生協を出自とした複数の協同組合や協同組織が連合し、その「連合」を媒介にして「新しい協同組合」や福祉サービスを生み出し、地域づくりに向かっている関連であり、「地域協同組合連合型」関連といえる。

②全国の関連構造の類型化とタイプ分け

今回検証した三つの関連構造の類型化は以上のように「内包型」「協働型」「地域協同組合連合型」の三つに分類ができるが、全国の事例をもう少し細かく見てみると、さらに表6-3のような類型化とタイプ分けができる。

「内包型」関連（I類型）は一般的であるが、AとBの二つのタイプに分けられる。Aタイプは、「くらしの助け合いの会」などの任意組織との関連であるが、全国では一番多いケースである。しかし、Aタイプは、組合員活動という位置づけのため協同組合的性格が弱く、双方の関連は機能しにくく、影響の度合いも少ない。一方、Bタイプは、購買生協と「新しい協同組合」の内包的関連構造であり、「新しい協同組合」のなかで醸成された新たな協同やコミュニケーション能力・問題解決能力などの新たな協同のエネルギーが、「新しい協同組合」そのものを持続発展させるばかりではなく、購買生協全体を活性化させていく原動力となり得る。

「協働型」関連（II類型）は、全国的にはまだ大きな広がりは見せていない。しかし、ワーカーズのような「新しい生き方・働き方」は、経済効率の最優先や関係的世界が希薄化している労働関

表 6-3　購買生協と「新しい協同組合」の関連構造の類型化とタイプ分け

類型・タイプ		関連構造	特徴
I.「内包型」関連	A	購買生協とくらしの助け合いの会などの関連	大規模運営，協同組合的性格が弱い，全国で一番多いケース
	B	生協しまねと「おたがいさま」の関連	小規模運営，協同組合的性格が強い，内包的関連
II.「協働型」関連		生活クラブ生協・東京とワーカーズ・コレクティブ「轍」の関連	購買事業機能の外部化の協同組合化，協働的関連
「地域づくり型」関連　III.「地域協同組合連合型」関連		共立社・鶴岡生協と「地域協同組合連合」を媒介として形成された庄内まちづくり協同組合「虹」の関連	複数の協同組合が連合し，それを媒介にして「新しい協同組合」が形成され福祉サービスを生みだしている，地域協同組合連合的関連
「地域づくり型」関連　IV.「地域ネットワーク型」関連		生活クラブ生協・東京とワーカーズ・NPO法人・社会福祉法人などの関連	購買生協を母体にワーカーズやNPO法人など多様に創出し，地域でネットワーク化，地域ネットワーク的関連

出所：田中秀樹と岡村信秀が協議し作成.

係のなかでは、時代の要請ともいえる。

生活クラブ生協・東京とワーカーズ・コレクティブ「轍」の関連構造は購買事業機能の外部化の協同組合化であるが、「協働型」関連は、系列的な上下関連ではなく、独立した別組織同士の対等平等な協働関係の位置づけとなる。

「地域協同組合連合型」関連（III類型）は、共立社・鶴岡生協と共立社・鶴岡生協を母体に形成された「地域協同組合連合」を媒介として誕生した庄内まちづくり協同組合「虹」の関連構造である。すなわち、複数の協同組合が連合し、それを媒介にして新しい機能の創造や福祉サービスを生みだし、再びそれぞれの協同組合と関連し合うという関連構造である。

「地域ネットワーク型」関連（Ⅳ類型）は、購買生協とワーカーズ・NPO法人・社会福祉法人など複数の「新しい協同組合」の関連である。この関連構造は生活クラブに多く見られ、購買生協を母体にワーカーズやNPO法人などを創出し、地域でネットワーク化しているところに特徴がある。現在、生活クラブ生協・東京の周辺部には、生活クラブを出自として八〇を超えるワーカーズ、NPO法人、社会福祉法人などの協同組織（「新しい協同組合」）が活動し、関連し合っている。その意味では、ネットワーク化された様々な「新しい協同組合」と購買生協が関連し合い、地域のなかで新たな協同が再生されつつある。

いずれにしても、「地域協同組合連合型」関連（Ⅲ類型）と「地域ネットワーク型」関連（Ⅳ類型）は、地域のなかで多様な協同を再生し、地域づくりに向かっており「地域づくり型」関連としてくれる。

以上のように、現段階における全国の購買生協と「新しい協同組合」の関連構造は、それぞれの地域性や歴史的経過をへて形成されてきたが、表6-3のように四つの類型と二つのタイプ分けに整理することができる。

全国の購買生協と「新しい協同組合」の関連構造は以上のように類型化とタイプ分けができるが、わかりやすく表現すると図6-2のようになる。要約していえば、購買生協（大きな協同組合）は、様々な「新しい協同組合」（小さな協同組合）を生み出し、自立化させながら関連し合い、地域の

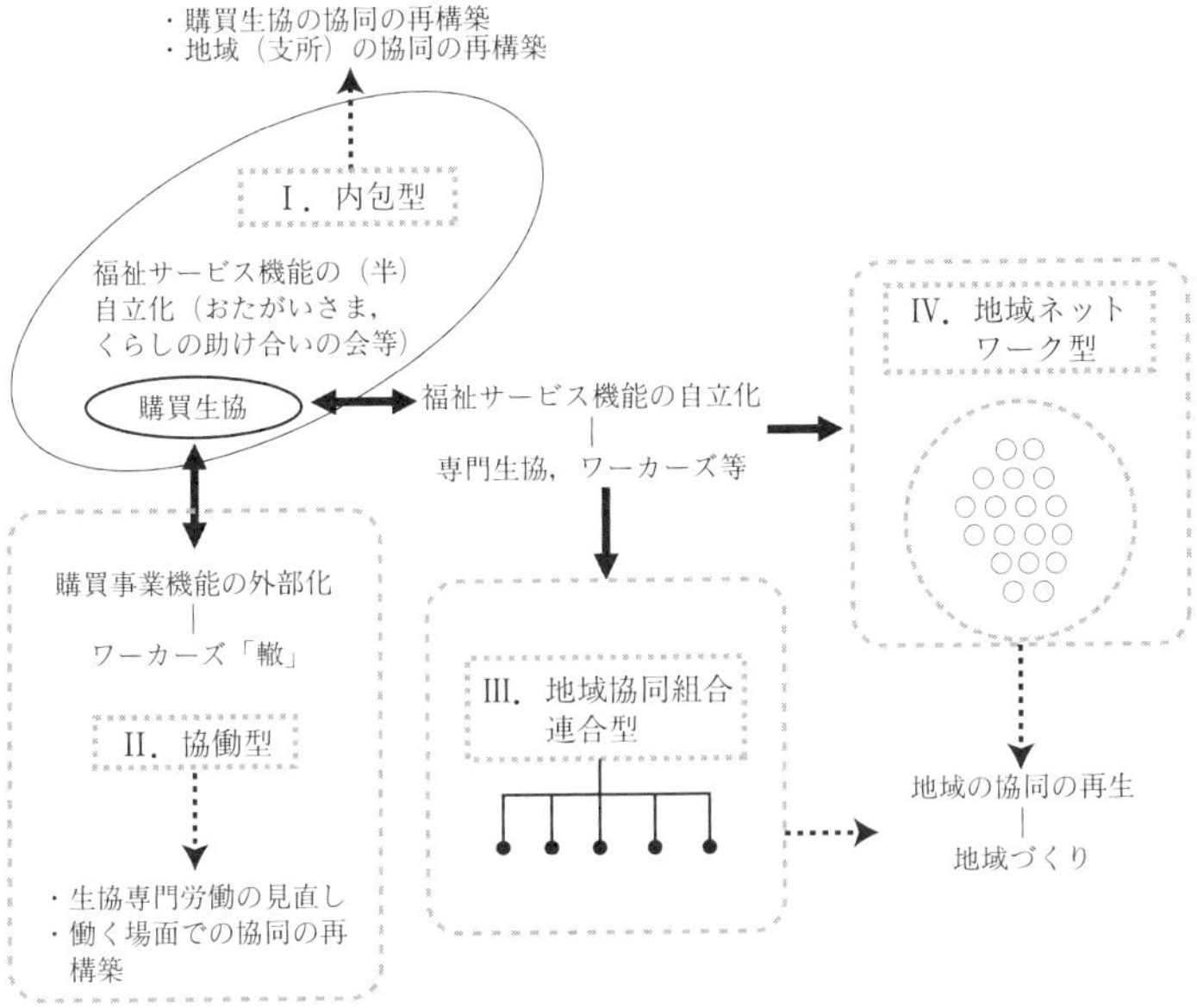

出所：田中秀樹と岡村信秀が協議し作成.

図 6-2　購買生協と「新しい協同組合」の関連構造

協同のセンターの役割を担っているということである。

本書では三つの事例を実証的に検証してきたが、生協しまねと「おたがいさま」、生活クラブ生協・東京とワーカーズ・コレクティブ「轍」、共立社・鶴岡生協と「地域協同組合連合」を媒介にして形成された庄内まちづくり協同組合「虹」の関連構造は、それぞれの類型のモデル的存在であり、その関連構造の進展は、新たな協同を再生させ、大きな転換期を迎えている購買生協の今後の方向性を考える上で貴重な先駆的実践といえる。

3　購買生協と「新しい協同組合」の関連構造の意義

(1)　生協運動の持続的発展の可能性

本章では、購買生協と「新しい協同組合」の関連構造を類型化し、その発展性について考察してきたが、その結果、次のことが明らかとなった。購買生協と購買生協を出自とした「新しい協同組合」の関連構造は、「内包型」関連、「協働型」関連、「地域協同組合連合型」関連、「地域ネットワーク型」関連に類型化できるが、「新しい協同組合」は購買生協や地域において喪失しつつある協同を再生させ、新たな協同のエネルギーを醸成させてきた。そして、「新しい協同組合」で再生された新たな協同のエネルギーが今度は購買生協に還流し、購買生協を活性化させつつある。一方、購買生協は、これまでに様々な経営資源を蓄積してきたが、それらの資源を「新しい協同組合」に注入することにより、今度は「新しい協同組合」のさらなる発展を可能にしている。今後は、購買生協は「新しい協同組合」を組織の内部や周辺部に多様に形成し関連し合うことにより、「人と人との協同的な結びつきを維持しながら、効率的な事業組織を組み立てる」という難問を解決していくことにつながる可能性を持ってきた。

すなわち、内包型、協働型、地域協同組合連合型、地域ネットワーク型の四つの関連構造は、「新たな生きにくさ」への対応と同時に購買生協を活性化させ、生協運動全体の持続的発展を可能にしてきているということである。

海外においては、伝統的協同組合が様々な困難に直面しているなかで、新しい活動領域における社会的協同組合やワーカーズ・コープ（労働者協同組合）など新しい協同組合が立ち現れ、多様な関係性を取り戻し、「新たな生きにくさ」を克服しようという運動が広がってきている。そして、この数十年間、その運動の登場と広がりによって協同組合運動は絶えず更新し続けているが[5]、本書での実証的分析の結果でも同じことがいえる。

本書では、たびたびカルロ・ボルザガ氏の分析を引用してきたが、二〇〇六年一二月四日、ボルザガ氏の講演会が京都で開催された。そのなかで、ボルザガ氏は、社会的協同組合（新しい協同組合）と伝統的協同組合（購買生協）との関連について、次のように報告した。「ここ二〜三年の間で、社会的協同組合が伝統的協同組合に与えた影響は主に二つある。一つは、共益・共助の組織であった伝統的協同組合に対し、社会的貢献の重要性を再認識させ、現在は伝統的協同組合も地域社会への貢献という公益・公助の方向へ進みつつある。二つは、伝統的協同組合は、これまでの市場原理にもとづく画一的なマネジメントに反省し、社会的協同組合における小規模で柔軟的なマネジメントの手法を評価し少しずつ取り入れている。そして、伝統的協同組合と社会的協同組合が互いに関連し合うことにより、双方にメリットが発生し、協同組合運動全体が大きく前進し、公益性の高い新たな方向性へ向かいつつある」ということであった。

以上のように、ボルザガ氏は、購買生協と新しい協同組合が関連し合うことで生協運動全体が大きく発展していることを実践の裏づけをもって報告した。

(2) 購買協同と福祉協同の結合と「くらし発」協同の持続の可能性

人々のくらしは「購買協同」と「福祉協同」が関連し合い営まれている。購買協同は商品の買い物の協同であり、福祉協同は子育て・教育・介護などの協同である。すなわち、購買協同は「生活手段（商品）」を対象とし、福祉協同は「サービス」を対象としている。

この間、購買協同は購買生協が担ってきており、福祉協同は「新しい協同組合」が担おうとしているが、購買協同は、他の家庭内労働に関わりながら連続すると共に、社会との接点の位置にあるという意味で、大きな包摂的協同であり、「大きな協同」といえる。[6] 一方、福祉協同は、子育てや介護などの領域であり、比較的小さな単位での協同が求められ、その意味では「小さな協同」といえる。すなわち、「購買協同」と「福祉協同」の関連は、「大きな協同内小さな協同」といい換えることができる。

しかし、購買協同は商品を対象としているため、市場原理や経済効率にもとづき大規模化する傾向にあるが、組織が大規模化すると、人と人との結びつきが弱まり協同が弱体化しやすい。他方、福祉協同はサービス労働の協同化であり、その内実は人間の人間に対する働きであるため必然的に供給する人間と受ける人間の共同作業となり、双方はそのプロセスへ主体的に参加するようになり、協同は絶えず再生されていく。そのため、より豊かなくらしを実現していくためには、購買協同と福祉協同の結合が絶えず求められてくる。

本来、協同組合は、協同関係を培っていくところに価値があり、協同の喪失は協同組合そのものの存在価値が問われることになる。つまり、協同組合は、協同を持続的に発展させていくことが最も重要な課題となるが、その実現には購買協同のみでは困難さをともなうため、そこに協同を絶えず再生している福祉協同を結合させることにより、協同の持続的発展を担保する可能性が出てきた。

かつて、鶴岡生協（当時）がダイエーの進出で窮地に追い込まれた際、組合員が立ち上がったのは、日常的に店舗のなかで子育て支援活動を地道に実践（福祉協同）していたことが、組合員にとって生協はくらしの一部となっており、「鶴岡生協が倒産することは自分達のくらしが壊れる」という危機意識が原動力となっていったからである（第五章第四節）。

このように、購買協同と福祉協同は本来密接な関係にあるが、購買協同と福祉協同の関係は、この間、経済のグローバル化や競争の激化を背景に、分断が進み、くらしそのものが危機にさらされてきた。しかし、購買協同と福祉協同は、もともとくらしそのものの営みであり、くらしをより豊かに再生させるためには、その両方をつなげていく以外に道はない。すなわち、購買協同と福祉協同の結合は「くらし発」協同を持続させ、より豊かなくらしづくりへと進展し続けることにつながる。

(3) 協同組合原則の内実化と地域づくり

国際協同組合同盟（ICA）は、一九八〇年のモスクワ大会のレイドロー報告「西暦二〇〇〇年における協同組合」以来、協同組合の役割・意義・価値をめぐり議論を積み重ねてきた。そして、その集大成として一九九五年のICA創立一〇〇周年記念マンチェスター大会において、協同組合第四原則（「自治・自立」）と第七原則（「コミュニティへの関与」）があらたに追加され「定義」もはじめて示された。

そのなかで、「二一世紀の協同組合原則」の「背景文書」の本旨の冒頭で、二一世紀の協同組合原則が立脚する核心たる協同組合背景について次のように述べられている。「協同組合運動は、その歴史のなかで絶えず変化してきたし、将来も変化し続けるであろう。しかし、その変化の底流には、すべての人間を尊重するということを根本においており、すべての人間は相互自助によって経済的・社会的に自らを向上させる能力をもっているという信念があるのである。さらに協同組合運動は、経済活動に民主的な手続きを適用することが可能であり、望ましいことであり、効率的であると確信している。また、民主的に管理される経済組織が人間の共通の利益に貢献することを確信する」。

以上の「背景文書」を受け、協同組合の「定義」について「協同組合は、協同で所有し民主的に管理する事業（Enterprise）を通じて、共通の経済的、文化的ニーズを満たすために、自発的に結びついた人々の協同組織（Association）である」とはじめて提示された。すなわち、協同組合は、その実体は人格的結合（Association）であり、事業（Enterprise）を通じて（手段）、組合員の思いや願いを実現する（目的）協同組織ということになる。

先の時代の要請として新しく追加された協同組合第七原則の「コミュニティへの関与」は、協同組合はもともと地域コミュニティの一員であることから、協同組合は「地域づくり」に積極的に関わるべきであることを提起している。この第七原則と「定義」をひとくくりで表現すれば、「協同組合とは、人と人との結びつき（＝協同）を連続させ〝地域づくり〟を推進する協同組織（Association）である」と整理できる。

本書で検証してきた「新しい協同組合」は、人と人とを結びつけ「協同」を再生しており、協同組合原則を内実化しつつある。また「新しい協同組合」は、生活・福祉領域における新たなニーズへの対応や地域経済の活性化などにも積極的に取り組んでおり地域づくりに向かいつつある。すなわち、購買生協と「新しい協同組合」が関連し合うことは、一九九五年のＩＣＡ大会で確認された協同組合原則を内実化し地域づくりを推進させることにつながる。

4 「新しい協同組合」を包含した二一世紀型生協の展望

本書は、転換期における購買生協の新たな方向性について考察してきた。現段階の購買生協は購買協同の使命を果たしつつ新しい時代への対応を迫られているが、新しい時代のニーズは明らかに生活・福祉領域であり、購買協同のみの解決には無理がある。その解決の道筋は福祉協同を担いつつある「新しい協同組合」を内部で形成するか外部から注入する以外に道はない。それは、購買生協の内部に小さな「新しい協同組合」を内包したり、購買生協の周辺部の「新しい協同組合」と協働やネットワーク化したり、あるいは「地域協同組合連合」を媒介にして「新しい協同組合」を形成する関連構造である。また、「新しい協同組合」は、時代の要請である生活・福祉領域のニーズに応えるだけではなく、「新しい協同組合」と購買生協が関連し合うことで、購買生協のなかで「くらし発」協同を再生させ、さらには双方が持っているそれぞれの強みが影響し合い、生協運動の持続的発展をより確かなものにしていくことにつながる。

一方、生協しまねと「おたがいさま」、生活クラブ生協・東京とワーカーズ・コレクティブ「轍」、共立社・鶴岡生協と庄内まちづくり協同組合「虹」のそれぞれに見られる関連構造は、地域性や歴史的経過により多様な形で出現しているが、購買生協は様々な協同を生みだし、自立化させ、地域の協同のセンターとなることを実証している。このように、購買生協は、地域の協同センターとしての位置を持ち、地域の多様な協同と連続し関連し合うことになる。すなわち、大きな購買生協（大きな協同組合）の内部や周辺部において小さな「新しい協同組合」（小さな協同組合）をつくり関連し合う「協同組合内小協同組合」は極めて重要な戦略となってくる。

以上のように、転換期における二一世紀型生協は、これまで築いてきた食の安全・安心を土台に、「購買生協と新しい協同組合との関連」と「購買協同と福祉協同の結合」を包含した協同組合に転換せざるを得ない。そして、購買生協と「新しい協同組合」の関連を内部や周辺部に数多く形成することと購買協同と福祉協同を結合させることは、「新たな生きにくさ」への対応という時代の要請に応えるだけではなく、生協運動全体を持続的に発展させ、さらには「安心して暮らせる地域社会づくり」へ貢献していくことにつながる。

本書は、購買生協と「新しい協同組合」の関連構造を整理・類型化することにより、二一世紀型生協を考察してきたが、今後は、その普遍化と他の先進事例の実証的分析を積み重ね、「関連構造」論を発展させていくことが課題となる。

注

(1) 田中夏子「イタリアの社会的経済と、市場及び自治体との相互作用について」(農林中金総合研究所編『協同で再生する地域と暮らし』日本経済評論社、二〇〇二年、二三九ページ)。

(2) 全国の「くらしの助け合いの会」について、少し触れておく。二〇〇五年度の全国の活動は、「くらしの助け合いの会」やワーカーズなど七三生協、一〇三万時間となっているが、活動分野別の時間構成比は高齢者四九%、子育て二一%、障害者七%、その他二三%と活動分野が広がっている。もう少し細かく見てみると、七三生協の内、いわゆる「くらしの助け合いの会」は六四生協、四五万八八三九時間となっている(図6-1)。他にワーカーズやNPO法人などで生協と連携している家事介護活動組織があるが、それらは一〇団体で五七万二四二五時間となっており、「くらしの助け合いの会」と比べ、一団体当たりの活動時間数が際立って高い(「くらしの助け合いの会」—一団体当たり七一六九時間、ワーカーズ他—同五万七二四二時間)

(3) 生活クラブ生協・東京『第四次長期計画(二〇〇五〜〇九年)』。

(4) 大窪一志『日本型生協の組織像』コープ出版、一九九四年、二七三ページ。

（5） Carlo Borzaga and Jacques Defourny, The Emergence of Social Enterprise, 2001. C・ボルザガ、J・ドゥフルニ編『社会的企業』（内山哲朗、石原秀雄、柳沢敏勝訳）日本経済評論社、二〇〇四年、八ページ。

（6） 田中秀樹「生協運動の現段階と新しい生協像の模索」（『社会運動二〇二』市民セクター政策機構、二〇〇五年）。

引用・参考文献

阿部志郎『福祉の哲学』誠信書房、一九九七年。

池上惇・二宮厚美編『人間発達と公共性の経済学』桜井書店、二〇〇五年。

石毛鍈子『福祉のまちを歩く』岩波書店、一九九七年。

市川英彦・福永哲也・村田隆一著『農協がおこす地域の福祉』自治体研究社、一九九八年。

一番ケ瀬康子『少子高齢社会における福祉の町づくり』かもがわブックレット、二〇〇〇年。

石見尚『第四世代の協同組合論』論創社、二〇〇二年。

内橋克人『共生の大地』岩波新書、一九九五年。

内橋克人『浪費なき成長』光文社、二〇〇〇年。

内山節編著『市場経済を組み替える』農山漁村文化協会、一九九九年。

内山節『時間についての十二章』岩波書店、一九九三年。

内山節＋竹内静子『往復書簡　思想としての労働』農山漁村文化協会、一九九七年。

宇津木朋子「もう一つの働き方としてのワーカーズ」（『生協運営資料』NO.155、日本生活協同組合連合会、一九九四年）。

大窪一志『日本型生協の組織像』コープ出版、一九九四年。

大高研道「協働による地域の自律」（中嶋信・神田健策編『地域農業もうひとつの未来』自治体研究社、二〇〇四年）。

大高研道「地域とともにある協同組合運動をめざす共立社の挑戦」（吉田寛一・渡辺基・大木れい子・西山泰男編『食と農を結ぶ協同組合』築波書房、二〇〇六年）。

太田原高昭・中嶋信編著『協同組合運動のエトス』北海道協同組合通信社、二〇〇三年。

岡田知弘編著『国際化時代の地域経済学』有斐閣アルマ、二〇〇二年。

岡村信秀「地域づくりと協同組織の新段階―島根県石見町〝いきいきいわみ〟の事例から検証する―」（『協同組合研究』第二四巻第一号、日本協同組合学会、二〇〇五年）。

岡村信秀「購買生協における新たな協同運動の展開とその意義―生協しまね〝おたがいさまいずも〟を対象に―」（『生活協同組合研究』通巻三六三号、生協総合研究所、二〇〇六年）。

岡村信秀「購買生協とワーカーズの協働とその意義―ワーカーズ・コレクティブ〝轍〟を対象に―」（『社会運動』三一四、市民セクター政策機構、二〇〇六年）。

岡村信秀「共立社・鶴岡生協と庄内まちづくり協同組合〝虹〟の関連構造とその意義」（『生活協同組合研究』通巻三七三号、生協総合研究所、二〇〇七年）。

小野雅之「虹のロマンに生きて―佐藤日出夫と共立社鶴岡生協」（太田原高昭・中嶋信編著『協同組合運動のエトス』北海道協同組合通信社、二〇〇三年）。

角瀬保雄・川口清史編著『非営利・協同組織の経営』ミネルヴァ書房、一九九九年。

柏井宏之「公益法人改革の動向とワーカーズ・コレクティブ」（『生活協同組合研究』通巻三三三号、生協総合研究所、二〇〇三年）。

兼子厚之「日本の生協の現状とその発展要因」（生協総合研究所編『協同組合の新世紀』コープ出版、一九九二年）。

金子郁容『ボランティア　もうひとつの情報社会』岩波新書、一九九二年。

川口清史「日本生協運動の発展モデル」（生協総合研究所編『協同組合の新世紀』コープ出版、一九九二年）。

川口清史編『協同組合　新たな胎動』法律文化社、一九九八年。

川口清史・富沢賢治編『福祉社会と非営利・協同セクター』日本経済評論社、一九九九年。

川口清史・大沢真理編著『市民がつくるくらしのセーフティネット』日本評論社、二〇〇四年。

神田嘉延・遠藤知恵子・宮崎隆志、内田和浩編著『生涯学習を組織するもの』北樹出版、一九九七年。

栗本昭「日本型生協の特質と現状、変化のトレンド」（現代生協論編集委員会・編『現代生協論の探求〈現状分析編〉』コープ出版、二〇〇五年）。

佐々木雅幸『都市と農村の内発的発展』自治体研究社、一九九四年。

佐藤慶幸『NPOと市民社会』有斐閣、二〇〇二年。

佐藤日出夫「共立社鶴岡生協の提携活動」（渡辺睦編著『中小業者の協同組合』新評論、一九八五年）。

佐藤日出夫・美土路達夫『ここに虹の旗を　鶴岡生協と住民運動－I』民衆社、一九八一年。

佐藤日出夫『安心して住みつづけられるまち』同時代社、二〇〇〇年。

塩原勉『転換する日本社会』新曜社、一九九四年。

下山保「見えてきた21世紀型生協」（中村陽一＋21世紀コープ研究センター編著『21世紀型生協論』日本評論社、二〇〇四年）。

神野直彦『地域再生の経済学』中公新書、二〇〇二年。

神野直彦『人間回復の経済学』岩波新書、二〇〇二年。

鈴木勉『ノーマライゼーションの理論と政策』萌文社、一九九九年。

鈴木勉「福祉の共同性と協同組合の福祉事業」（『協う』第九五号、くらしと協同の研究所、二〇〇六年）。

鈴木文熹編著『地域づくりと協同組合』青木書店、一九九〇年。

鈴木文熹・中嶋信編『協同組合運動の転換』青木書店、一九九五年。

鈴木文熹「競争社会とは異なるもうひとつの社会を求めて」（南信州地域問題研究所編『国づくりを展望した地域づくり』やどかり出版、二〇〇四年）。

鈴木文熹「住民発の福祉と有機農業が結合して網の目に」（『南信州地域問題研究所ニュース』No.77、二〇〇〇年）。

相馬健次『戦後日本生活協同組合論史』日本経済評論社、二〇〇二年。

高橋晴雄編著『発想の転換』同時代社、二〇〇一年。

高橋彦芳・岡田知弘『自立をめざす村』自治体研究社、二〇〇二年。

武田一博『市場社会から共生社会へ』青木書店、一九九八年。

田代洋一編『日本農村の主体形成』筑波書房、二〇〇四年。

田代洋一『農政「改革」の構図』筑波書房、二〇〇三年。

田中夏子『イタリア社会的経済の地域展開』日本経済評論社、二〇〇四年。

田中夏子「イタリアの社会的経済と、市場及び自治体との相互作用について」（農林中金総合研究所編『協同で再生する地域と暮らし』日本経済評論社、二〇〇二年）。

田中夏子・杉村和美『スローな働き方と出会う』岩波書店、二〇〇四年。

田中秀樹『消費者の生協からの転換』日本経済評論社、一九九八年。

田中秀樹「地域づくりと協同組合」（『農業・農協問題研究』第二五号、二〇〇一年）。

田中秀樹「生協運動の現段階と新しい生協像の模索」（『社会運動』三〇三、市民セクター政策機構、二〇〇五年）。

田中秀樹「生活主体形成と生協運動」（現代生協論編集委員会・編『現代生協論の探求〈理論編〉』コープ出版、二〇〇六年）。

田中秀樹「現代消費社会と新しい協同運動」（中川雄一郎編『生協は21世紀に生き残れるのか』大月書店、二〇〇〇年）。

田中秀樹「脱協同組合化と生協の再構築―新しい生協像の模索」（『クオータリー［あっと］』二号、太田出版、二〇〇五年）。

田中秀樹『生活主体の形成と生活協同組合労働』学位論文、一九九〇年。

田村明『まちづくり実践』岩波新書、一九九九年。

戸木田嘉久・三好正巳編著『生協再生と職員の挑戦』かもがわ出版、二〇〇五年。

中川雄一郎編『生協は21世紀に生き残れるのか』大月書店、二〇〇〇年。

中川雄一郎「グローバリゼーションとコミュニティ協同組合」（農林中金総合研究所編『協同で再生する地域と暮らし』日本経済評論社、二〇〇二年）。

中川雄一郎『社会的企業とコミュニティの再生』大月書店、二〇〇五年。

中島紀一「世紀的転換期における農法の解体・独占・再生」（『農業経済研究』第七巻第二号、二〇〇〇年）。

中島紀一『食べものと農業はおカネだけでは測れない』コモンズ、二〇〇四年。

中嶋信・神田健策編『地域農業もうひとつの未来』自治体研究社、二〇〇四年。

中嶋信『新しい〝公共〟をつくる』自治体研究社、二〇〇七年。

永田恵十郎編著『地域資源の国民的利用』農山漁村文化協会、一九八八年。

中村陽一＋21世紀コープ研究センター編著『21世紀型生協論』日本評論社、二〇〇四年。

西村一郎『雇われないではたらくワーカーズという働き方』コープ出版、二〇〇五年。

二宮厚美『日本経済の危機と新福祉国家への道』新日本出版社、二〇〇二年。

二宮厚美『発達保障と教育・福祉労働』全障研出版部、二〇〇五年。

二宮厚美『コミュニケーションと福祉労働』佛教大学通信教育部、二〇〇四年。

根岸久子「女性及び高齢者の〝農〟を含めた仕事起こし」（農林中金総合研究所編『協同で再生する地域と暮らし』日本経済評論社、二〇〇二年）。

野村秀和編『生協21世紀への挑戦』大月書店、一九九二年。

橋本吉広『介護保険下での協同組合による高齢者福祉事業の展開に関する一考察』学位論文、二〇〇六年。

広松伝編著『地域が動きだすとき』農山漁村文化協会、一九九〇年。

藤井敦史「生活協同組合の地域への開放」（中村陽一＋21世紀コープ研究センター編著『21世紀型生協論』日本評論社、二〇〇四年）。

保母武彦『内発的発展論と日本の農山村』岩波書店、一九九六年。

保母武彦監修『小さくても元気な自治体』自治体研究社、二〇〇二年。

増田佳昭「農協運動の日本的特質とその変容」（『協同組合研究』第一七巻第三号、日本協同組合学会、一九九八年）。

増田佳昭「農業構造の変動とＪＡ水田営農事業方式転換の課題」（『新たな米生産・販売環境下の水田営農組織』ＪＡ兵庫中央会、一九九七年）。

宮本憲一『日本社会の可能性』岩波書店、二〇〇〇年。

村田武編『再編下の世界農業市場』築波書房、二〇〇四年。

毛利敬典「組織風土とマネジメントの視点から共同購入を考える」（くらしと協同の研究所編『進化する共同購入』コープ出版、二〇〇五年）。

守友裕一『内発的発展の道』農山漁村文化協会、一九九一年。

守友裕一「地域農業の再構成と内発的発展論」（『農業経済研究』第七二巻第二号、二〇〇〇年）。

山崎敏輝『まちづくりは国づくり』同時代社、二〇〇一年。

若林靖永『顧客志向のマス・マーケティング』同文舘出版、二〇〇三年。

若林靖永「非営利・協同組織のマーケティング」（角瀬保雄・川口清史編著『非営利・協同組織の経営』ミネルヴァ書房、一九九九年）。

鷲田清一『「聴く」ことの力』阪急コミュニケーションズ、一九九九年。

Carlo Borzaga and Jacques Defourny, The Emergence of Social Enterprise, 2001. C・ボルザガ／J・ドウフルニ（編）『社会的企業』（内山哲郎、石塚秀雄、柳沢敏勝訳）日本経済評論社、二〇〇四年。

Victor A. Pestoff, Between Markets and Politics: Co-operatives in Sweden, 1991. ビクター・A・ペストフ『市場と政治の間で』（藤田暁男、田中秀樹、的場信樹、松尾匡訳）晃洋書房、一九九六年。

Victor A. Pestoff, Beyond the Market and State: Social enterprises and civil democracy in a welfare society, 1998. ビクター・A・ペストフ『福祉社会と市民民主主義―協同組合と社会的企業の役割―』（藤田暁男、川口清史、石塚秀雄、北島健一、的場信樹訳）日本経済評論社、二〇〇〇年。

John Pearce, Running Your Own Co-operative: A Guide to the Setting up of Worker and Community Owned Enterprise, The Kogan Page Ltd., 1984.

『二〇〇六春闘準備のための生活実態アンケート』生協労連、二〇〇六年。

「いきいきいわみ」通常総会議案書（第一～一五回）。

現代生協研究会『現段階の生協事業と生協運動』くらしと協同の研究所、二〇〇四年。

現代農業「スローフードな日本！地産地消・食の地元学」（『農山漁村文化協会、二〇〇二年一一月増刊号』）。

『協う』第五九号、くらしと協同の研究所、二〇〇〇年。

共立社第二七回通常総代会議案書、二〇〇六年。

『現代日本生協運動史上・下巻』日本生活協同組合連合会、二〇〇二年。

「社会的経済」促進プロジェクト／編『社会的経済の促進に向けて』同時代社、二〇〇三年。

『社会運動』二七七・二八九、市民セクター政策機構、二〇〇三・二〇〇四年。

庄内まちづくり協同組合「虹」議案書（第一回・二回、二〇〇四年度、二〇〇五年度）。

生活クラブ生協・東京『第三次長期計画（二〇〇〇～〇四年）』『第四次長期計画（二〇〇五～〇九年）』『第三七回通常総代会議案書、二〇〇三年』。

生協しまね通常総代会議案書（第一～二二回）。

とちぎコープ第一七回通常総代会議案書、二〇〇五年度。

日生協『二〇〇四年度・二〇〇五年度福祉・助け合い活動調査報告』二〇〇五年、二〇〇六年。

日生協『二〇〇四年度・二〇〇五年度生協の経営統計』、二〇〇五年、二〇〇六年。

日本農村生活研究会東北支部編『まちとむらとの生き生きコミュニケーション』筑波書房、一九九一年。

日本有機農業学会編『有機農業―21世紀の課題と可能性』コモンズ、二〇〇一年。

ワーカーズ・コレクティブ「轍」・大泉『通常総会議案書（第一～一一回）』。

「轍グループ」第二次長期計画、二〇〇二年。

島根県邑智郡石見町誌『上・下巻』、一九七二年。

石見町総合振興計画（一次・二次・三次・四次、一九七一年・一九八一年・一九八九年・二〇〇一年策定）。

石見町町勢要覧。

石見町『石見町老人保健福祉計画・介護保険事業計画』、二〇〇〇年。

いま『協同を問う’98全国集会報告集』協同総合研究所、一九九八年。

一九九九・ひろしま「地域と協同」集会報告集。

二〇〇〇・ひろしま「地域と協同」集会報告集。

二〇〇一・ひろしま「地域と協同」集会報告集。

あとがき

本書は五年余の時間をかけてまとめ上げたものである。仕事の合間の調査・分析であったため不十分な点も多々あると思われるが、ひとつの区切りとして出版する運びとなった。

筆者は、転換期における生活協同組合（生協）の新たな展望を、購買生協と「新しい協同組合」の関連構造を切り口に考察した。本書の目的は、生協運動の展望を考察することにあったため、地域社会の持続的発展についてはほとんど触れることができなかった。しかし、生協は本来地域社会の一員であるため、地域社会の持続的発展なしに生協運動の発展もありえない。したがって、本文では触れることができなかった地域社会の持続的発展と生協の関わりについて、少し触れておきたい。

地域社会の持続的発展は、地域資源を管理し、浪費や環境破壊を最小限におさえた「地域循環型社会経済システム」の形成により可能となる。ゆえに、生協は、今後事業者として、地場産業との提携や地産地消の展開など、地域循環型社会経済システム形成の推進役としてその存在価値が問われてくる。そのようななかで、この間全国的に取り組んできた生協の産直（地産地消）運動は先駆的な実践といえる。

そもそも地産地消運動は、食の安全・安心の確保や食料自給率の向上、食料の安全保障の確立へとつなげていくばかりか、フードマイレージ（「食料輸送距離」＝食料の重量×距離）を引き下げ、地球温暖化の主要因である二酸化炭素（CO_2）を削減させる効果を持つ。また、地産地消運動は、「多品目少量生産」を可能にし、産直や直売所に見られるように、生産（者）と消費（者）の距離を縮めることにつながる。さらには、この「多品目少量生産」は、高齢者や女性の農業就労を促し、加速する集落の衰退に少なからず歯止めをかけているのも事実である。

しかし、全国の中山間地域では「限界集落」[1]が急増しており、集落の維持はますます困難になってきている。集落の崩壊は、農業が持っている美しい景観や生態系の維持などの多面的機能を低下させ、さらには、水源林などは急速に荒廃し、雨をため込む下草が育たず、表土が流出しやすくなるため保水力が低下する。保水力の低下は河川の増水など水害の危険性を高め、流出した土砂は流域の生態系にも影響することになる。つまり、集落の維持問題はつまるところ都市に住む消費者の問題でもある。

このように、地産地消運動は、食の安全・安心の確保、食料自給率の向上、食料の安全保障、集落の存続、多面的機能の維持など様々な役割を併せ持っているが、集落の崩壊が加速的に進んでいる現段階においては、地域社会の一員である生協は、これまで以上に協同組合間協同や地域ネットワークを強化し、持続可能な地域社会づくりに貢献することが期待される。

内橋克人氏は、「地域循環型社会経済システム」の実現に向け、「FEC自給圏づくり」[2]を提唱している。FECとは、Foods、Energy、Careの頭文字をとった造語である。すなわち、食の安全・安心の確保、食料自給率の向上、食料の安全保障の確立、農業・農村の活性化、省エネ、エネルギーの自給率向上、環境保全、医療・介護・福祉の安心、隣近所の助け合いなどは、顔と顔の見える関係の中で、地域資源とマンパワーを生かしていくことが、ムダがなく持続可能な地域づくりを推進していくという考え方である。

Foods（食料の安全保障、食の安全・安心）については、これまでに述べてきたように生産（者）と消費（者）の距離を縮め、先の地産地消運動をねばり強く継続していくことがポイントとなる。

Energy（資源、エネルギー、環境保全）については、この度の原油高騰や地球温暖化を視野に入れれば、輸入依存度が高く地球温暖化の主たる要因である二酸化炭素（CO_2）を排出する化石燃料の縮少と自然エネルギーの活用が急がれる。実は、全国を見渡すと、自然エネルギー「日本一」といわれている岩手県・葛巻町の実践（風力発電、太陽光発電、バイオマスなど）や青森県・鰺ヶ沢町の風力発電、山梨県・都留市の小水力発電、岡山県・真庭市のバイオマスなど様々な取り組みが展開されていることがわかる。

Care（医療、介護、福祉）については、医療・介護・福祉は年金に次いで社会保障制度の大きな柱であるが、現在年金問題をはじめ制度そのものが大きく揺らいでいる。これまで、社会保障制度については生協として課題化することが少なかったが、少子・高齢化、人口減少へと時代が大きく変貌している現在において最も重要な課題になりつつある。

いずれにしても、内橋克人氏が提唱している「FEC自給圏づくり」（「地域循環型社会経済システム」形成）には、これまでに述べてきたように、確かな根拠がある。今後は、国家レベルでの政策や制度の見直しと合わせ、地域の中で住民自らがネットワーク的に取り組むことも重要となる。

ここで、地域の中で、ネットワーク的に展開している二つの実践を紹介する。一つは、財政状況が厳しい小さな町での住民参加型の地域づくり、二つは、木造住宅の普及と森林保全の取り組みである。

一つ目の住民参加型の地域づくりの事例は、徳島県の上勝町であるが、二〇〇五年の人口は一九五五人、高齢化率四四・二％という超高齢化地域の実践である。上勝町は、高齢化・人口減少・財政悪化という最悪の状況をバネにして、一九九一年から住民参加型の住民自治へ転換し、様々な事業や「ごみゼロ運動」などを展開してきた。その代表格が「彩（いろどり）」事業である。「彩」事業は、イチョウやモミジなどの木の葉を日本料理の「つまもの」として全国へ出荷する事業であるが、今では三五〇種類に拡大し、通年の出荷体制が確立された。二〇〇五年度は二・五億円にまで成長し、町人口の約一割の約二〇〇人の老若男女が「彩」事業に関係している。

さらに、上勝町は環境保全活動にも住民が積極的に関わっている。町議会は、二〇〇三年、「ゴミがゴミでなくなる町」をめざして「上勝町ゼロ・ウエイスト宣言」を決議した（表）。

上勝町ゼロ・ウエイスト宣言

未来の子どもたちにきれいな空気やおいしい水，豊かな大地を継承するために，2020 年までに上勝町のごみをゼロにすることを決意し，上勝町ごみゼロ（ゼロ・ウエイスト）を宣言します．

1. 地球を汚さない人づくりに努めます！
2. ごみの再利用・再資源化を進め，2020 年までに焼却・埋め立て処分をなくす最善の努力をします！
3. 地球環境をよくするため世界中に多くの仲間をつくります！

平成 15 年 9 月 19 日　徳島県勝浦郡上勝町

上勝町は、現在、町民自らが家庭から出たゴミを集荷場に持参しているため、ゴミ回収車はなく、ゴミ焼却場も稼働していない。ゴミの分別は、可能な限り資源化するため、三四種類という全国の中で最も多い分別となっている。生ゴミは基本的には出さず堆肥化している。子どもたちも休みの日などは積極的に手伝い、お年寄りに対しては近所の方が手伝っている。一方ゴミを出さない工夫としてグリーン購入運動を推進し、環境への負荷が少ない商品の普及とムダな包装をさける取り組みも行っている。このような努力の結果、町の費用負担は従来の四割水準までに削減できた。さらには、この取り組みを通じて、町民自身は環境への関心も高まり、地域での人と人とのつながりも強くなってきた。今では、「彩」事業や環境保全など様々な事業や活動が呼び水となり、若者や中高年のU・Iターンが増加し、この二〇年間で一三〇人に達している。

以上のような、新しい事業の展開や経費削減の取り組みは、町の財政を改善させるばかりか新たに捻出した財源により社会保障の充実強化の可能性を持ってきた。

中嶋信氏は、上勝町の取り組みに対して、「国の産業政策や地域政策の不備を主張しつつも、独自の戦略を打ち立てて、魅力的な地域づくりを続けることで、当面の困難を緩和し、国の政策の転換を導き出そうとしている」と評価している(3)。

二つ目の木造住宅の普及と森林保全の取り組みは、広島県において、安全・安心な住まいと森林保全をめざし、一九九九年から開催されている「住」の地産地消版「住まいのセミナー」である。これは、地元で活動している「木の香る住宅工房」(建築家、林業家、材木家、工務店などで構成、任意組織)と広島県生活協同組合連合会との協同事業であるが、広島県も側面から応援している。

セミナーの内容は、年四〜六回の座学と春と秋の山のセミナーである。座学では、地球環境、森林保全、木造住宅の特性、耐久・耐震性、リフォーム、インテリア、コストなど他では経験できない豊富な内容である。この間の参加人数はのべ二〇〇〇名を超え、木造住宅の新築やリフォームなどの相談も増加し、この間一〇〇件以上の実績を残すことができた。山のセミナーでは、春は植林、秋は植林と伐採見学、さらには管理されている森林とそうでない森林の両方の見学なども実施している。山のセミナーは家族連れも多く、生きた学習ができるため、参加者からは大変好評である。三年前から、某林業家のご好意で森林の一部スペースを無料で借り受け、「工房の森」をつくり植林を行っているが、植林した「スギ」「ヒノキ」「どんぐり」などの成長は関係者へ喜びと感動を与えてくれている。

以上の「住まいのセミナー」の取り組みは、小規模で影響力はまだまだ小さいが、「木造住宅の需要拡大→地元の工務店や大工の仕事起こし→県内・国産材の使用拡大→林業家の仕事起こし→森林保全」(「生産－消費－生産」)という循環の一端を担いつつあり、その意義は大きい。また、森林保全は水資源かん養や土壌浸食・流出防止などの多面的機能の効果と二酸化炭素(CO_2)吸収による地球温暖化防止の一端を担うことにつながる。

以上二つの事例を紹介したが、類似する取り組みは全国にはたくさん存在していると思われるが、あえて二つを選んだ理由は、住民参加型の住民自治の可能性と生産者・専門家・消費者の連携による協同事業と環境保全の可能性の典型例として紹介した。

最後になったが、筆者が生協で仕事をするようになったのは、一九七五年一月にさかのぼる。某大手証券会社に三年間勤務したのちの転職であったが、振り返ってみるとアッという間の三〇年余であった。

そして、二〇〇二～〇七年の五年間、生協運動の展望を考察することを目的に、広島大学大学院で学んだ。生協の仕事をこなしながらの研究であったため、現地調査や文献の購読のための時間確保には苦労させられた。もともと朝型の筆者にとっては、早朝の起床による時間確保が一番適しており、ほぼ毎日励行できた。また休みの日は好きな登山の回数も減り、そのほとんどが現地調査と資料整理に追われた。大学では田中秀樹教授にご指導いただいたが、筆者が挫折しそうになったとき、その都度田中教授には適切な助言と励ましをいただいた。その意味では、筆者の博士論文は教授に負うところが多く、心から感謝している。

本書は、筆者の博士論文（二〇〇七年三月）をもとに少し手を加えたものであるが、筆者の力量不足ということもあり、そもそも最初から世に出すつもりはなかった。むしろ、大きな転換期をむかえている現段階において、生協運動の持続的発展の道筋を明らかにし、自らの確信につなげたかったのが本音である。しかし、幸いにも色んな方々から助言をいただき、このたび生まれてはじめて出版する運びとなった。出版にあたっては、明治大学の中川雄一郎教授や日本経済評論社の清達二さんに大変お世話になり感謝している。出版したからには、生協運動に関わっている多くの人々や関心のある方々に読んでいただき、これからの生協運動や地域づくりについて一緒に考えていきたいと願っている。

注

（1）六五歳以上のお年寄りが住民の半数を超えている集落を「限界集落」と呼ぶ。現在、限界集落は全国で七八〇〇を超えるが（国土交通省二〇〇六年）、その内、二六〇〇が消滅の危機にさらされている。実際この七年間で二〇〇ほどの集落が消滅している。

（2）内橋克人『浪費なき成長』光文社、二〇〇〇年。

（3）中嶋信『新しい〝公共〟をつくる』自治体研究社、二〇〇七年。

初出一覧

第二章
「地域づくりと協同組織の新段階」『協同組合研究』（日本協同組合学会）第二四巻第一号、二〇〇五年
第三章
「購買生協における新たな協同運動の展開とその意義」『生活協同組合研究』（生協総合研究所）No.三六三、二〇〇六年
第四章
「購買生協とワーカーズの協働とその意義」『社会運動』（市民セクター政策機構）No.三一四、二〇〇六年
第五章
「協同と地域連帯の現段階とその意義」『総合社会福祉研究』（総合社会福祉研究所）第三三号、二〇〇八年

他は書き下ろしである。

[著者紹介]

岡《おか》村《むら》信《のぶ》秀《ひで》

広島県生活協同組合連合会専務理事．1948 年生まれ．同志社大学商学部卒．大和証券，広島県婦人生活協同組合（現生活協同組合ひろしま）を経て現職．この間，広島大学大学院生物圏科学研究科博士後期課程修了，博士(学術)．

生協と地域コミュニティ

協同のネットワーク

2008 年 5 月 20 日　第 1 刷発行

定価(本体 2200 円＋税)

著　者　岡　村　信　秀

発行者　栗　原　哲　也

発行所　株式会社 日本経済評論社

〒101-0051 東京都千代田区神田神保町 3-2

電話 03-3230-1661　FAX 03-3265-2993

振替 00130-3-157198

装丁＊大貫デザイン事務所　藤原印刷・根本製本

落丁本・乱丁本はお取替えいたします　Printed in Japan

ISBN978-4-8188-2010-4